CHRISTIAN RACH

Geschmack pur!

FOTOGRAFIE: WOLFGANG SCHARDT

Inhalt

Geschmack pur!

Wie schmeckt Kindheit, wie das Heranwachsen, das Erwachsen werden? Vermutlich »schmeckt es« so verschieden, so individuell, so unterschiedlich, wie wir Menschen nun mal sind. Vermutlich auch so einzigartig, wie unsere Fingerabdrücke sind. Mit Sicherheit lässt sich der Geschmack des Lebens nicht in eine Formel packen, auch nicht in eine Glücksformel, die suggeriert, wenn man nur dies und jenes befolgt, wird alles gut und erfolgreich, man hat ein reiches Leben und alles, was Mann oder Frau anfasst, gelingt.

Zu viele Faktoren spielen eine prägende Rolle. Wo und wie hat man gewohnt? Wie war das Zuhause, warm und kuschelig oder kalt und aus der Tüte? Wie hat es an den Lieblingsorten gerochen, bei Oma und Opa, im Urlaub oder in der eigenen Küche? All das ist so prägend, so intensiv, erzeugt Sehnsüchte oder auch Abneigungen.

Der Geruch von Pappeln in Gärten oder Parks lässt mich heute noch wohlig erschauern, da am Ende des Gartens meiner Großeltern eine ganze Reihe Pappeln stand, die einen ganz bestimmten Duft hatten und ich meine Großeltern sehr geliebt habe. Aus der Schule nach Hause kommen, aufschließen und noch bevor ich die Schultasche in die Ecke gepfeffert habe, eingefangen zu werden von den warmen Gerüchen eines köstlichen Mittagsessen, das meine Mutter jeden Tag für uns Kinder zubereitet hat: Das war einfach herrlich! Für meine Mutter war es mit Sicherheit eine große Herausforderung, jeden und jeden Tag etwas Leckeres mit einfachen Bordmitteln und wenig Geld für uns Kinder zu zaubern. Und mit Sicherheit gab es auch keine Rezepte mit Grammangaben, abgezählten Pfefferkörnern oder genauen Temperaturangaben, nach denen sie sich gerichtet hat. Und doch hat sie es geschafft, uns jeden Tag aufs Neue zu beglücken. Kochen war Intuition und das Vertrauen auf den guten Geschmack. Das hat mich bis heute geprägt und das habe ich auch immer wieder, während den vielen Stationen, Kapiteln, Zeitabschnitten meines Lebens, ob als Student in Hamburg oder als junger Koch in den Küchen der Welt, genauso erfahren und erlebt.

»Vertraue auf deine Sinne, deinen Geschmack, deine Inspiration und dein Gefühl.«

So verzichte ich auch hier in diesem Buch, das ich zu Ehren des dreihundertjährigen Bestehens von »Gräfe und Unzer« schreiben darf, ganz bewusst auf die gute Gräfe-und-Unzer-Tradition, alles in Gramm und Grad, in Schritt-für-Schritt anzugeben, denn so funktionierte meine Evolution zum Genussmenschen nicht. Das Leben schmeckt so unterschiedlich, so individuell, dass ich Sie auffordere: Trauen Sie sich zu, Ihren ganz persönlichen »Geschmack pur« zu entdecken.

Bei dem einen oder anderen Rezept, bei dem eine Mengen- oder Temperaturangabe doch hilfreich erscheint, habe ich Ihnen das natürlich aufgeschrieben, aber nur als kleine Stütze auf Ihrem weiteren Weg hin zu einem Genussmenschen, der sich permanent weiterentwickelt. Denn eines ist sicher: Diese Evolution hört nie auf, jedenfalls bei mir nicht.

Kindheit

Geschmack pur – darum ging es immer in meinem Leben. Nie werde ich den Duft des noch ofenwarmen Bauernbrots vergessen, das morgens auf dem Frühstückstisch meiner Großeltern lag, gerade erst vom nahegelegenen Bäcker geholt, mit wunderbar knuspriger Kruste und bestrichen mit frischer Butter und etwas Schnittlauch darauf! Dazu das Spiegelei von den Hühnern, die irgendwo in der Nachbarschaft herumgackerten, das frisch aufgeschlagen in der Pfanne vor sich hin brutzelte, mit etwas Petersilie aus dem eigenen Garten verfeinert. Einfach und köstlich! Unvergesslich war auch die Wurstsemmel, die der Metzger jeden Tag vor meiner Schule mit ofenwarmem Leberkäs verkaufte und die ich mir aber nur alle zwei Wochen leisten konnte, denn sie kostete immerhin 50 Pfennig – ich war im siebten Himmel, wenn ich den ersten Bissen nahm. Aber all das wurde noch getoppt von dem Essensduft, der mich schon bei der Rückkehr aus der Schule an der elterlichen Haustür empfing.

Schon damals, in den 60er Jahren, war meine Mutter stets offen für neue Rezepte, auch und vor allem aus anderen Ländern. Ein wahres Fest, als sie etwa Hähnchen indischer Art mit Ananas zubereitete! Aber auch Deftiges mit selbst eingemachtem Obst war bei ihr nichts Außergewöhnliches. Gemüse war ihr besonders wichtig, ohne Geschmacksverstärker, ohne Pestizide – alles Natur pur und frisch geerntet aus dem eigenen Garten.

Pichelsteiner Eintopf

Ein wunderbarer Gemüse-Fleisch-Eintopf, den meine Mutter wahrhaft perfekt zubereitete und der von der Menge her immer für zwei Tage reichte. Bereiten Sie von diesem Rezept auch gleich die doppelte Menge zu – die Arbeit ist fast dieselbe und aufgewärmt schmeckt der Eintopf genauso gut!

Zu gleichen Teilen **Zwiebeln, Kartoffeln**, **Möhren**, **Petersilienwurzeln** und **Sellerie** schälen und grob würfeln (für vier Personen je ca. 200 g). Ungefähr die gleiche Menge an **Wirsing** und **Lauch** putzen, waschen und in mundgerechte Stücke schneiden. 1 rote **Paprika** mit einem Sparschäler schälen, putzen und würfeln.
Etwa 400 g **Schweinefleisch** vom Nacken und ebenso viel **Rindfleisch** aus der Schulter in Würfel schneiden und mit den Zwiebeln in einem großen Suppentopf in etwas **Butterschmalz** rundherum bei großer Hitze anbraten. Das Fleisch aus dem Topf nehmen, dann wieder mit dem vorbereiteten Gemüse abwechselnd in den Suppentopf schichten, dabei jede Schicht mit etwas **Salz**, **Pfeffer** und gerebeltem **Majoran** würzen. Zum Schluss noch 2 **Lorbeerblätter** dazugeben und so viel **Wasser** angießen, dass alle Zutaten gerade mit Flüssigkeit bedeckt sind.
Den Eintopf zugedeckt 1½–2 Std. bei kleiner Hitze köcheln lassen, bis das Fleisch ganz zart ist. Den Pichelsteiner mit Salz und Pfeffer abschmecken, mit reichlich grob gehackter **Petersilie** bestreuen und sehr heiß servieren.

Unser Sonntagsbraten

Fleischgerichte, egal ob Eintopf, Hähnchen oder den »echten« Sonntagsbraten gab es immer nur am Sonntag! Dann aber war es ein Fest. Für diesen Braten begann meine Mutter schon am Freitag mit der Vorbereitung.

Zwei Tage vorher 1 magere und sauber geputzte **Schweinenuss** (gut 1 kg) mit geschälten **Mandeln** spicken. Das Fleisch in eine Schüssel legen. Sauber geputztes **Wurzelgemüse** (Möhre, Sellerie, Lauch, Zwiebel) zum Fleisch geben. 1 **Nelke**, **Lorbeerblätter**, **Thymian**, **Pfefferkörner** und 1 Flasche **Dunkelbier** (kein Malzbier) dazugeben, das Fleisch soll mit Flüssigkeit bedeckt sein. Gut abdecken und 48 Std. kaltstellen, das Fleisch einmal wenden.
Dann das Fleisch herausheben, trocken tupfen und in einem schweren Bräter – meine Mutter hatte so einen alten gusseisernen – in etwas **Butterschmalz** rundherum kräftig anbraten.
Die Gemüsewürfel in ein Sieb geben und abtropfen lassen, dabei die Marinade auffangen. Das Fleisch aus dem Bräter nehmen und das Marinadengemüse darin anrösten, etwas **Tomatenmark** und 1 EL **Zucker** untermischen und mitrösten. Das Fleisch wieder dazugeben und alles mit der Marinade ablöschen.
1 Scheibe zerbröseltes **Honigbrot** dazugeben. Das Fleisch in ca. 2 Std. bei kleiner Hitze zugedeckt weich schmoren. Wenn zu wenig Flüssigkeit im Bräter ist, immer wieder etwas Bier oder **Fleischbrühe** angießen. Fleisch aus dem Topf heben, die Sauce durch ein feines Sieb streichen. **Sahne** angießen, die Sauce aufkochen und mit **Salz**, **Pfeffer** und gehackter **Petersilie** abschmecken.
Den Braten in Scheiben schneiden und mit der Sauce servieren.
Dazu passen Kartoffelpüree und Schnippelbohnen.

Schweinenierchen mit Zwiebeln, Essig und Senf

Nierchen sind heute nicht mehr jedermanns Sache. Ich aber mochte und mag sie immer noch gerne, auch und gerade aus ethischen Gründen! Denn wenn wir schon Tiere essen, dürfen wir uns nicht nur auf das Filet stürzen. Wenn Fleisch, dann alles – so wie früher!

Planen Sie pro Person 1 **Schweinenierchen** ein. Die Nierchen der Länge nach halbieren und putzen, d. h. alle weißen Gefäßgänge und Sehnen penibel entfernen. Die Innereien mindestens 2 Std. in reichlich kaltes Wasser legen.

Danach die Nierchen aus dem Wasser heben, trocken tupfen und in dünne Scheiben schneiden. Etwas **Butter** in einer breiten Pfanne schmelzen. Je 1 fein gewürfelte **Zwiebel** und **Knoblauchzehe** darin glasig anschwitzen. Die Nierchen dazugeben und mitbraten, bis sie leicht Farbe annehmen. 1 Klacks **Tomatenmark** und 1 Prise **Zucker** unterrühren und mitrösten. Das Ganze mit etwas **Mehl** bestäuben und mit 1 großzügigen Schuss **Weißwein** und etwas **Fleisch- oder Gemüsebrühe** ablöschen.

Alles einmal aufkochen und mit **Dijonsenf** und **Crème fraîche** verfeinern. Fein gewürfelte **Cornichons** und frisch gehackten **Majoran oder Petersilie** zufügen. Die Sauce mit 1 Spritzer **Weißweinessig**, **Salz**, **Pfeffer** und evtl. 1 Prise **Zucker** abschmecken. Dazu passen hervorragend Nudeln wie Tagliatelle oder Penne oder ein buttriges Kartoffelpüree.

Gefüllte Hoorige

Die Saarländer lieben Kartoffeln in unzähligen Varianten: Schneebällchen, Rösti, Dibbelappes, Püree – oder »Hoorige«. Ihren Namen verdanken sie den fein geriebenen, rohen Kartoffeln im Teig, durch die die Klöße einen »haarigen« Flaum bekommen.

Für 12 Klöße brauchen Sie ca. 900 g rohe und 300 g gekochte **Kartoffeln**, jeweils geschält. Die rohen Kartoffeln fein reiben, leicht salzen und in einem Sieb abtropfen lassen, danach fest ausdrücken. Die kalten, gekochten Kartoffeln durch eine Kartoffelpresse oder einen Fleischwolf drücken und mit den geriebenen Kartoffeln sowie 2–3 **Eiern** und **Mehl** vermengen, dabei soviel Mehl dazugeben, bis sich der Teig leicht von der Schüssel löst. Den Teig mit **Salz**, **Pfeffer** und **Muskat** würzen.
Für die Füllung 250 g **Schweinehackfleisch** und 60 g grobe **Leberwurst** mit ½ eingeweichten, ausgedrückten **Brötchen,** 1 **Ei**, **Salz** und **Pfeffer** verkneten. Die Masse zu walnussgroßen Kugeln formen. Aus dem Kartoffelteig zunächst Fladen formen, dann jeweils 1 Kugel Füllung daraufsetzen. Die Kartoffelmasse über der Füllung zusammendrücken und sehr gut verschließen. Es darf beim Garen kein Wasser eindringen. Die Klöße in leicht sprudelndem Salzwasser in etwa 25 Min. garziehen lassen.
Für die Stippe 100 g geräucherten **Speck** und 1 **Zwiebel** würfeln und in **Butterschmalz** knusprig braten. Mit etwas **Fleischbrühe** und **Sahne** ablöschen. Die Speckstippe kurz leise köcheln lassen, dann mit einigen Spritzern **Zitronensaft** verfeinern.
Die fertigen Klöße aus dem Wasser heben, abtropfen lassen und mit der Speckstippe servieren. Mit **Schnittlauch** bestreuen.

Pfannkuchen mit Pilzen

Pilz-Zeit war Onkel Louis' Zeit. Wenn er, der Einarmige, mit einem Korb voller Waldpilze wie Rotkappen, Hallimasch, Stockschwämmchen, Maronen und Steinpilzen, Wiesenchampignons und Birkenpilzen vor unserer Haustür stand, dann gab es ein Fest für Augen und Gaumen.

Für vier Pfannkuchen etwas **Butter** in einer kleinen Pfanne erhitzen, bis sie hellbraun wird und ein nussiges Aroma bekommt.
Die Butter etwas abkühlen lassen, dann mit 2 Handvoll **Mehl**, **1 Ei** und etwas **Mineralwasser** zu einem dünnflüssigen Teig verrühren. Je nachdem, wieviel Flüssigkeit Sie unterrühren, werden Ihre Pfannkuchen dicker oder dünner. Ich mag besonders gerne die dünnen Pfannkuchen, dafür darf der Teig die Konsistenz von Kefir oder Vanillesauce haben. Den Teig 30 Min. ruhen lassen.
Die **Pilze** putzen. In wenig **Butter** aus dem Teig goldgelbe Pfannkuchen backen. Nehmen Sie dafür eine gut eingearbeitete, gusseiserne Pfanne; zur Not tut´s auch eine beschichtete Pfanne. Die fertigen Pfannkuchen im Ofen bei 100° warmhalten.
Für die Pilzfüllung etwas Butter in einer breiten Pfanne erhitzen, darin feine **Zwiebel- und Knoblauchwürfelchen** mitsamt den Pilzen bei großer Hitze kurz braten, bis die Pilze Farbe annehmen.
1 Schuss **Sahne** dazugießen und alles etwas einköcheln lassen. Die Pilzmischung mit **Salz, Pfeffer** und 1 Spritzer **Zitronensaft** abschmecken. Die Pfannkuchen mit der Pilzmischung füllen, mit **Schnittlauch** bestreuen und sofort genießen.

Hähnchen indische Art

Wir liebten die ersten Pizzen oder die »neuen« Nudelvarianten, die mit den italienischen Gastarbeitern zu uns nach Deutschland kamen, ebenso wie die ungewöhnlichen Rezepte, die meine Mutter aus Illustrierten herauspickte. Und ganz besonders strahlten unsere Kinderaugen, wenn es zu Hause nach exotischen Gewürzen duftete.

1 **Hähnchen** gründlich innen und außen waschen, trocken tupfen und mit **Salz** und **Pfeffer** würzen. Das Hähnchen in einen flachen Bräter setzen und im vorgeheizten Backofen bei 180° Umluft ca. 50 Min. braten, dabei ab und zu etwas **Wasser oder Brühe** angießen. Kurz vor Ende der Bratzeit das Hähnchen mit **Paprikapulver** und etwas gemahlenem **Ingwer** bestäuben und einige **Ananasscheiben** – damals aus der Dose, das war der Hit! – sowie 1 gewürfelte rote **Paprika** mit in den Bräter geben.
Sobald das Hähnchen gar ist, den Bräter aus dem Ofen nehmen. Das Hähnchen herausheben und warmstellen. 1 Becher **Sahne**, 1 TL **Currypulver** und 1 **Sternanis** zu Ananas und Paprika in den Bräter geben. Alles einmal aufkochen und mit **Limettensaft**, **Salz** und **Pfeffer** abschmecken. Nach Belieben noch grob gehackte **Koriander- oder Estragonblättchen** unterrühren.
Das Hähnchen im Ganzen oder mit einer Geflügelschere zerteilt auf einer Platte anrichten. Ananasscheiben und Paprikawürfel drumherum verteilen. Das Hähnchen mit der Sauce übergießen und sofort servieren. Dazu gab es Reis mit Mandeln und Rosinen.

Plattköpp mit Weinschaum

Plattköpp, auf Hochdeutsch Dampfnudeln, war eines meiner großen Lieblingsessen. Da ich keine Milch vertrage, gab es für mich statt klassischer Vanillesauce Weinschaum dazu: ein Gedicht!

Für acht Plattköpp 500 g **Mehl** in eine Schüssel geben, eine Mulde in die Mitte drücken. ½ Würfel **Hefe** mit 1 Schuss lauwarmer **Milch** und 50 g **Zucker** verrühren, in die Mulde geben. Die Schüssel mit einem Tuch bedecken und den Vorteig 10 Min. gehen lassen. 250 ml Milch leicht erwärmen und mit 1 **Ei**, 80 g weicher **Butter** und 1 Prise **Salz** zum gegangenen Vorteig geben. So lange kneten, bis ein geschmeidiger Hefeteig entstanden ist. Zugedeckt mindestens 45 Min. an einem warmen Ort gehen lassen. Auf einer bemehlten Arbeitsfläche den Teig in acht Stücke teilen und zu Kugeln formen, nochmals zugedeckt ruhen lassen.
Inzwischen 150 ml **Wasser** mit 150 ml **Milch**, 50 g **Butter**, 1 EL **Zucker** und 1 Prise **Salz** in einem Bräter mit Deckel aufkochen. Die Teig-Kugeln vorsichtig nebeneinander hineinsetzen und zugedeckt bei kleiner Hitze ca. 30 Min. dämpfen. Dabei niemals den Deckel öffnen! Anschließend die Plattköpp noch ein paar Minuten bei geschlossenem Deckel ruhen lassen.
Für den Weinschaum 250 ml **Riesling** mit 3–4 EL **Zucker** zum Kochen bringen. In einer Schüssel 3 **Eigelb** mit 1 TL **Speisestärke** verrühren und über dem heißen Wasserbad weiterrühren, kochend heißen Wein langsam angießen. Weiterschlagen, bis die Sauce luftig und leicht cremig ist, mit 1 Spritzer **Zitronensaft** abschmecken.

Haselnusstorte

Für den Teig
7 Eier / 200 g Zucker / 320 g gemahlene Haselnusskerne /
1 EL Speisestärke

Für die Buttercreme
200 g weiche Butter / 150 g Puderzucker / 4 EL Kakaopulver /
2 EL Cognac oder Rum

Außerdem
geröstete, gehäutete Haselnusskerne (nach Belieben)

Für meinen Lieblings-Geburtstagskuchen die Eier trennen. Die Eiweiße steif schlagen. Den Zucker unterrühren und weiterschlagen, bis er sich aufgelöst hat. Die Eigelbe unterrühren, dann die gemahlenen Haselnüsse und die Speisestärke unterheben. Inzwischen den Backofen auf 175° Umluft vorheizen.
Den Boden einer Springform (Ø 26 cm) mit Backpapier auslegen. Den Teig einfüllen und den Kuchen 45 Min. im heißen Backofen backen. Die Stäbchenprobe machen. Den fertigen Kuchen aus dem Ofen nehmen und vollständig erkalten lassen.
Für die Buttercreme die Butter schaumig schlagen und Puderzucker, Kakaopulver und Cognac oder Rum unterrühren.
Den erkalteten Kuchen quer halbieren und mit der Hälfte der Buttercreme füllen. Mit der restlichen Creme die Torte bestreichen. Nach Belieben die Torte noch mit gerösteten Haselnüssen verzieren und mit etwas Kakaopulver bestäuben.

Algebra

Uni-Zeit

Uni-Zeit

Nach dem Abitur brach ich nach Hamburg auf, um hier zunächst den Zivildienst zu machen und anschließend zu studieren. Hamburg, das war Freiheit, Selbstverantwortung – und Selbstverpflegung! Zwar wurde ich während des Zivildienstes in dem Pflegeheim, in dem ich arbeitete, versorgt, doch spätestens im Studium musste ich mich selbst um alles kümmern.

Ich kaufte zwei Mal die Woche auf einem kleinen Markt ein, der sich in direkter Nachbarschaft meiner Wohngemeinschaft befand. Schnell hatte ich auch heraus, dass es 15 Minuten nach Beendigung der offiziellen Marktzeit die wunderbarsten Gemüse und die leckersten Früchte für kleines Geld gab: Das war herrlich und schonte vor allem mein Portemonnaie.

Aber was gab es nicht auch alles, für den Jungen aus der Kleinstadt, an Köstlichkeiten zu entdecken! Abends zog ich mit meinen Kommilitonen los und ließ mir nicht nur das frische Bier schmecken, sondern auch wunderbar duftenden Croque Monsieur oder ein Bifteki beim Griechen: Hackfleisch mit Schafskäse gefüllt, dazu Krautsalat mit eingelegten Oliven! Auch das Exotische zog mich an, wie etwa die indische Küche. Und es gab eine Menge wunderbarer indischer Restaurants in Hamburg. Alleine schon das Betreten des Gastraumes ließ mir wohlige Schauer über den Rücken laufen. Es duftete geheimnisvoll, und das Essen war ebenso köstlich wie preiswert.

Das Nest, den sicheren Hafen, hatte ich verlassen und mich auf unbekanntes Terrain begeben. Kein Essen, das auf dem Tisch stand, wenn ich in meine Wohngemeinschaft kam, keine leckeren Düfte, die mich empfingen. Aber ich lernte Neues, Fremdes kennen, und das war spannend und zum Teil auch exotisch.

Croque Monsieur

Ein leckeres Essen, das in meiner saarländischen Heimat, trotz der Nähe zu Frankreich, völlig unbekannt war.

Pro Person schneidet man ein Drittel, für einen hungrigen Studenten auch gern ein halbes **Baguette** der Länge nach auf.
Den Backofen auf 220° Umluft vorheizen. Die beiden Brothälften mit **Butter oder Kräuterbutter** bestreichen und mit den Schnittflächen nach oben auf ein Backblech setzen. Die Hälften im heißen Backofen (Mitte) in ca. 5 Min. knusprig und goldbraun backen, dann aus dem Ofen nehmen.
Die untere Hälfte nun großzügig mit Scheiben von gekochtem **Schinken** und **Bergkäse** (z. B. Emmentaler, Gruyère oder Comté) belegen. Den Käse mit **Pfeffer** übermahlen. Wer mag, gibt auch noch gewürzte **Tomatenscheiben** und ein paar **Salatblätter** dazu – auch wenn sie im Originalrezept nicht vorkommen.
Alles mit der oberen Brothälfte bedecken und das Baguette unbedingt und nochmals für weitere 1–2 Min. in den Ofen geben, bis der Käse schön geschmolzen ist.

Kartoffelgratin

So simpel, so lecker, so preiswert!

Ich verstehe nicht, warum Kartoffelgratin heute aus der Mode gekommen ist. Sicher, es hat viele Kalorien und einen hohen Fettgehalt, aber so ganz »weg vom Tisch«, ob als Alleinunterhalter oder Komparse – das hat dieses wunderbare Gericht nicht verdient.

Eine ofenfeste Auflaufform großzügig mit **Butter** ausreiben. Je nach Vorliebe und was man noch vorhat, mehr oder weniger **Knoblauch** in dünnen Scheiben gleichmäßig auf dem Boden der Form verteilen. **Kartoffeln** (es eignen sich am besten vorwiegend festkochende) schälen und in dünne Scheiben schneiden. Die Scheiben dachziegelartig in die Form schichten und mit **Salz**, **Pfeffer** und ordentlich **Muskat** würzen. **Milch** und **Sahne** zu gleichen Teilen in einem Topf zum Kochen bringen und über die Kartoffeln gießen, sie sollen knapp bedeckt sein.
Die Kartoffeln mit geriebenem **Bergkäse** bestreuen und ein paar Butterflöckchen obenauf setzen. Das Gratin ca. 35 Min. im vorgeheizten Backofen bei 180° backen, bis es eine leckere, leicht braune Kruste hat und die Kartoffeln weich sind. Vorsicht beim Essen: Die ersten Bissen sind sehr, sehr heiß.

Bifteki mit Feta

In der Nähe meiner WG gab es ein kleines griechisches Restaurant, das »Ikarus«. Dort kochte »Mama« mit nur einem Arm, der andere steckte in einer Prothese, was sie nicht hinderte, leckere und für meinen Geldbeutel angemessene Gerichte zu kochen. Legendär ihre Bifteki!

Für die griechischen Fleischröllchen **Rinderhack** (für vier Personen reichen 600–700 g) mit 1 eingeweichten und ausgedrückten **Brötchen**, 2 **Eiern** und 1 fein gewürfelten **Zwiebel** vermischen.
Die Masse kräftig mit grob zerstoßenem **Kreuzkümmel**, gemahlenem **Piment**, **Salz**, **Pfeffer**, gehackter **Petersilie** und reichlich **Oregano** würzen und abschmecken.
300 g **Schafskäse** (Feta) in knapp daumendicke Stücke schneiden. Die Hackfleischmasse dann in ebenso viele Portionen teilen und diese jeweils zwischen zwei Lagen Frischhaltefolie ausrollen, wenn möglich quadratisch. Die obere Frischhaltefolie abziehen und jede Portion mit einem Stück Schafskäse belegen, dann mit Hilfe der Folie vorsichtig aufrollen. Achtung, jedes »Hacksteak« muss gut verschlossen sein, sonst läuft der Käse beim Braten aus.
Die Bifteki in einer Pfanne in **Olivenöl** rundherum braten, je nach Stärke 1–2 Min. auf jeder Seite. Dazu gab es im »Ikarus« immer Pita-Brot, Zaziki und wunderbaren Krautsalat.

Gobi Tandoori mit würzigem Joghurt

Nachhaltig beeindruckt hat mich als Student auch ein indisches Restaurant im Univiertel mit seinen wunderbar einfachen und preiswerten vegetarischen Gerichten.

Als Imbiss für zwei bis drei Personen 1 großen **Blumenkohl** in einzelne, nicht zu kleine Röschen teilen. In einem großen Topf reichlich Wasser mit **Salz** und vielen Gewürzen wie beispielsweise **Pfefferkörnern**, **Zimt**, **Kardamomkapseln** und 1 oder 2 **Nelken** aufkochen. Die Blumenkohlröschen darin blanchieren, sie sollen bissfest bleiben. Den Blumenkohl abgießen, sofort kalt abschrecken und in einem Sieb abtropfen lassen.

300 g **Joghurt** mit fein gehacktem **Knoblauch**, etwas frisch geriebenem **Ingwer** und 1 kräftigen Prise **Garam Masala** würzen und mit **Cayennepfeffer** und **Salz** abschmecken. Klein gewürfelte, frische **Kurkuma** (Gelbwurz) in einer Pfanne in wenig **Öl** anrösten, dann den Würzjoghurt dazugeben. Alles verrühren und über den Blumenkohlröschen verteilen. Mindestens 1 Std. marinieren.

In meinem indischen Lieblingsrestaurant wurde der Blumenkohl immer »am Spieß« serviert, also zuvor auf Schaschlikspieße gesteckt und gegrillt. Sie können die Röschen aber genauso gut mitsamt dem Joghurt in eine ofenfeste Form geben (aufgespießt oder einfach so) und unter dem heißen Backofengrill rösten. Aber Vorsicht: Der Blumenkohl darf nicht zu dunkel werden! Dazu passt Chapati und ein fruchtig-scharfes Chutney.

Filmhauskneipe

Filmhauskneipe

Als Student war ich in der Fachschaft aktiv und verdiente mir als Tutor etwas dazu, was ich auch dringend für meinen Lebensunterhalt brauchte. Mindestens genauso prägend wie das Uni-Leben war mein Job in der Ottenser »Filmhauskneipe«.

Hamburg eröffnete ein Filmhaus, um nicht nur als Medienstadt anerkannt zu werden, sondern auch mit einer eigenen Filmförderung von sich reden zu machen. Dazu gehörte natürlich eine Kneipe, die aber eher ein Restaurant war, aber halt »Filmhauskneipe« hieß. Ich gehörte zur Mannschaft der ersten Stunde. Was mich vor allem interessierte, war nicht das Kellnern oder Bierzapfen, sondern die Arbeit in der Küche, zusammen mit einem »Selfmade-Koch«, von dem ich unglaublich viel lernte. Wenn er durch die Küche schwebte und sein Gesicht sich beim Probieren seiner eigenen Saucen und Gerichte so wunderschön verwandelte, dass ich ihm seine Glücksgefühle förmlich ansehen konnte, dann beeindruckte mich das ungemein. Sein Repertoire bestand unter anderem aus einer Handvoll Klassiker der deutschen Küche, die richtig lecker waren. Ich hatte viele Freiheiten, brachte das eine oder andere neue Rezept ein, aber seine Filmhaus-Spezialitäten, Gerichte, die dort so beliebt waren und die ich aus dem Effeff zubereiten konnte, habe ich bis heute nicht vergessen. Ich koche sie bisweilen noch in meiner Küche daheim – Evergreens, die ich Ihnen nicht vorenthalten möchte.

Wilde Zeit, tolle Menschen, leckeres Essen – Erwachen! So könnte ich diese »Epoche« zusammenfassen. Unglaublich wichtig! Ich möchte nichts missen.

Spaghetti mit Steinpilzsauce

Es gibt Tage, an denen man keine Lust hat, einkaufen zu gehen. Genau an solchen ist dieses Gericht perfekt. Denn Nudeln hat jeder im Vorrat. Und getrocknete Steinpilze sollte man sich ja ohnehin »auf Halde« legen.

Für vier Personen benötigen Sie nur 2 EL **getrocknete Steinpilze**. Die getrockneten Exemplare besitzen einen viel intensiveren Geschmack als frische und aromatisieren hier die feine Sauce.
Die getrockneten Steinpilze kalt abbrausen und in warmem **Wasser** einweichen. 1 **Zwiebel**, 2–3 Scheiben geräucherten **Speck** und 1 **Knoblauchzehe** in feine Würfel schneiden.
Reichlich Wasser mit **Salz** in einem großen Topf aufkochen und darin 400–500 g **Spaghetti** al dente kochen.
Währenddessen die Zwiebel- und Speckwürfelchen in einer Pfanne in etwas Butter anschwitzen. Sobald die Würfelchen leicht Farbe bekommen, den Knoblauch zufügen. Die eingeweichten Steinpilze aus dem Wasser nehmen, gut ausdrücken und grob hacken, dann in die Pfanne geben. Das Einweichwasser durch ein feines Sieb gießen und damit alle Zutaten in der Pfanne ablöschen. Die Sauce einkochen, bis kaum noch Flüssigkeit übrig ist. Dann 1 kleines Glas **Weißwein** angießen und wieder einkochen. Etwas **Sahne** angießen. Die Hitze reduzieren und die Sauce mit Salz, **Pfeffer**, süßem **Sherry** und etwas **Zitronensaft** abschmecken.
Die gekochten Nudeln abgießen und mit der Steinpilzsauce zurück in den Topf geben. Alles gut durchschwenken und mit fein gehackter **Petersilie** oder alternativ mit getrocknetem **Thymian** bestreuen.

Penne mit Gorgonzola-Nuss-Sauce

Ein blitzschnelles Gericht, das Sie auch mit Roquefort oder einem anderen Blauschimmelkäse zubereiten können.

Reichlich Wasser mit **Salz** aufkochen. 400–500 g **Penne** für vier Personen darin nach Packungsaufschrift al dente kochen. Inzwischen 2 **Möhren** schälen und fein raspeln. 1 Handvoll **Mandelblättchen** in einer kleinen Pfanne rösten, dabei darauf achten, dass sie nicht zu dunkel werden. Die Mandeln auf einen Teller geben.
1 Becher **Sahne** mit ca. 200 g zerbröseltem **Gorgonzola dolce** bei kleiner Hitze in einer Pfanne erwärmen und mit einem Schneebesen verrühren. Die Sauce mit **Salz**, **Pfeffer**, **Cayennepfeffer** und **Zitronensaft** würzig abschmecken. Die geraspelten Möhren unterziehen. Die al dente gekochten Nudeln abgießen und mit der Sauce zurück in den Topf geben. Alles gut durchschwenken und dabei die noch warmen, gerösteten Mandelblättchen unterheben. In Streifen geschnittenes **Basilikum** aufstreuen und die Nudeln servieren.

Spinatkuchen mit Feta und Lammhack

Auch ohne Hack sehr köstlich

Blätterteig (aus dem Kühlregal) passend für eine Tarteform ausrollen und zurechtschneiden. Tarteform mit **Butter** bestreichen. Den Teig einlegen und den Rand festdrücken, den Boden mit einer Gabel mehrfach einstechen. Den Teig kühl stellen.
Den Backofen auf 200° Umluft vorheizen. 1 **Zwiebel** und 2 **Knoblauchzehen** würfeln. Die Hälfte davon in **Olivenöl** glasig anschwitzen. 250 g **Lammhackfleisch** zufügen und mit **Salz**, **Pfeffer** und **Thymian** würzen. Das Fleisch braten, bis es Farbe bekommt, dann in eine Schüssel geben. In der Pfanne übrige Zwiebel- und Knoblauchwürfel in Butter glasig anschwitzen. 200 g **Spinat** waschen, gut ausdrücken, grob hacken und dazugeben. Mit Salz, Pfeffer und **Muskat** würzen und unter Wenden kurz dünsten.
Den Tarteboden mit Backpapier und Hülsenfrüchten belegen und ca. 15 Min. im heißen Ofen (unterste Schiene) blind backen, dann Backpapier und Hülsenfrüchte entfernen und Spinat und Hackfleisch auf dem Tarteboden verteilen. 200 g **Schafskäse** darüberbröseln. 1 EL eingelegte **grüne Pfefferkörner** abtropfen lassen und darüberstreuen. Je nach Größe der Tarteform 250–300 g **Sahne** mit 2–3 **Eiern**, Salz und Pfeffer verquirlen und über Spinat und Hackfleisch gießen, bis ca. ½ cm unterhalb des Blätterteigrands. Nach Belieben Blätterteigreste in Streifen schneiden und darauflegen. Die Tarte im heißen Ofen (Mitte) ca. 20 Min. backen, bis die Füllung gestockt und der Blätterteig goldbraun ist.

Besonders knusprig wird der Boden, wenn Sie die Tarte in einer dunklen Metallform backen. Sie leitet die Hitze besser als eine Form aus Porzellan. Verwenden Sie – wenn möglich – Butter-Blätterteig, er hat ein feineres Aroma als solcher, der industriell hergestellte »Zieh-Margarine« enthält.

Geschmorter Schweinenacken

Dieser Klassiker stand immer auf der Karte und war der Dauerbrenner!

Etwa 2 kg **Schweinenacken** mit Knochen reicht für sechs Personen. Das Fleisch mit **Salz** und **Pfeffer** würzen und in **Butterschmalz oder Pflanzenöl** in einem Bräter rundherum scharf anbraten, dann herausnehmen und zur Seite stellen.
Zwiebelwürfel und zerkleinertes **Wurzelgemüse** im Bräter anrösten und mit **Tomatenmark** aromatisieren. Das Fleisch auf das Röstgemüse setzen und alles mit 1 kräftigen Schuss **Weißwein** ablöschen. Die Flüssigkeit einkochen. 250 ml **Gemüsebrühe oder Wasser** angießen und ein paar **Lorbeerblätter** zufügen. Zugedeckt ca. 2½ Std. schmoren, bis das Fleisch ganz zart ist.
Fleisch aus dem Bräter nehmen und im Backofen bei 120° warm halten. 1 Becher **Sahne** in den Schmorfond geben, alles aufkochen, dann durch ein feines Sieb passieren, dabei das Schmorgemüse gut auspressen. Die Sauce mit einem Pürierstab aufschäumen.
2 EL eingelegte **grüne Pfefferkörner** abtropfen lassen und dazugeben. Die Sauce mit 1 Schuss **Cognac** abschmecken.
Das Fleisch vom Knochen lösen, in Scheiben schneiden und mit dem Pfefferrahm übergießen, reichlich **Petersilie** aufstreuen. Dazu passen Ofenkartoffeln oder Bandnudeln und gekochte grüne Bohnen. Und sollte etwas von Ihrem Braten übrig bleiben, so können Sie ihn am nächsten Tag kalt aufgeschnitten auf einer knusprigen Semmel mit etwas Senf oder geriebenem Meerrettich servieren, dazu ein Glas frisches Bier – einfach köstlich!

Strandhof

Strandhof

Am Ende meines Studiums hatte mich das Kochen völlig in seinen Bann geschlagen. Und zwar so sehr, dass ich mich dazu entschloss, das Ganze professioneller anzugehen. Ich heuerte im »Strandhof« in Blankenese an, der gerade unter neuer Regie wiedereröffnet wurde, und stieß hier auf einen wunderbaren Koch. In seiner Vita standen einige der besten Restaurants Deutschlands, inklusive das damalige »Mekka der Drei-Sterne-Küche«, das »Tantris« in München. Er führte mich in die schöne, neue Welt der mir bisher unbekannten Spitzenküche ein: Alles wurde handgemacht, von den Saucen bis zu den Nudeln, nichts kam als Fertigprodukt, es wurde zerlegt, geröstet, geschmort, gebacken. Es duftete nach Gewürzen und frischen Kräutern, köstlichen Suppen und nach verdampfendem Wein. Nie werde ich das wunderbare Geräusch von klappernden Schneebesen vergessen, wenn eine Zabaione aufgeschlagen oder eine cremige Champagnersauce noch im letzten Augenblick mit etwas frisch aufgeschlagener Sahne verfeinert wurde. Und mein Herz schlug höher, als ich das erste Mal einen Steinbutt filetieren durfte und meine eigene Mousse au Chocolat anrührte. Glücksgefühle pur!
Wir unternahmen gemeinsame Reisen, z. B. nach Italien, kochten dort in einem Hotel-Restaurant und probierten selbst alles, was es an Köstlichkeiten gab. Meine Augen und auch meine Ohren wurden immer größer, die Weichen für meine Zukunft wurden gestellt. Es drehte sich alles nur noch ums Essen: Geschmack pur!

Das war mein Tor zur großen Kochwelt! Uwe, der Küchenchef, war ein begnadeter Koch, der mit einer Leichtigkeit und Geschmackssicherheit mit wenigen Bordmitteln einfach grandiose Gerichte produzierte. Und wir hatten eine Menge Spaß zusammen.

Rote-Bete-Suppe mit Räucheraal

Die Kombination der erdig-süßlichen Roten Bete mit den Raucharomen des Aals ist fantastisch. Als Geschmacksgeber fungieren hier nicht nur das zarte Aalfleisch, sondern auch Aalgräten und -haut, die sonst weggeworfen werden. So lässt sich aus »Abfall« eine köstliche Brühe zaubern und dieses Gericht zurecht als nachhaltig bezeichnen!

Für vier Personen benötigen Sie 1 Stück **Räucheraal** von ca. 300 g, mit Haut und Gräten. Den Aal filetieren. Das Aalfleisch als Suppeneinlage in mundgerechte Stücke schneiden und zugedeckt beiseitestellen. Die Haut und die Gräten in einem Topf ohne weiteres Fett leicht anbraten, dann mit ca. 1 l **Geflügel- oder Gemüsebrühe** ablöschen. Alles einmal aufkochen und bei kleiner Hitze 20 Min. ziehen lassen.

Währenddessen ca. 800 g weich gekochte, geschälte **Rote Bete** klein schneiden. 1 **Zwiebel** und **1 Knoblauchzehe** schälen und würfeln. In einem Suppentopf etwas **Butter** erhitzen. Zwiebel und Knoblauch darin farblos anschwitzen, dann Rote Bete und frisch geriebenen **Meerrettich** zufügen. Die Aalbrühe durch ein feines Sieb dazugießen und alles zum Kochen bringen. Etwas Butter und reichlich **Crème fraîche** dazugeben und die Suppe mit einem Pürierstab fein pürieren. Ist sie zu dick, noch etwas **Brühe oder Wasser** angießen. Die Suppe mit **Salz**, **Pfeffer**, noch etwas Meerrettich und 1 Spritzer **Zitronensaft** abschmecken.

Zum Servieren die Aalwürfelchen in die heiße Suppe geben und darin erwärmen. Mit **Dill** bestreuen und servieren.

Nudeln mit Krebsen und Pfifferlingen

Es geht doch nichts über selbst gemachte Nudeln mit frischen Flusskrebsen!

Für vier Personen 500 g **Mehl**, 3 **Eier**, 4 **Eigelbe** und wenig **Olivenöl** kräftig miteinander verkneten, bis ein homogener und elastischer Nudelteig entstanden ist. Den Nudelteig in Frischhaltefolie einpacken und 30 Min. an einem kalten Ort ruhen lassen.
Inzwischen für die Flusskrebse in einem sehr großen Topf reichlich Wasser aufkochen und mit gewürfeltem **Wurzelgemüse**, **Dill** und **Salz** aromatisieren. Pro Person 3–5 frische **Flusskrebse** portionsweise im heftig wallenden Wasser 2 Min. garen, herausnehmen und etwas abkühlen lassen. Dann Kopf und Scheren vom Schwanz trennen. Den Schwanzpanzer längs am Rand entlang aufschneiden, das Schwanzfleisch herauspuhlen und kalt stellen.
Den Nudelteig dünn ausrollen und zu Bandnudeln schneiden.
Die Nudeln in reichlich sprudelnd kochendem Salzwasser al dente kochen. Bei frischen Nudeln geht das im Vergleich zu getrockneten blitzschnell, sie brauchen nur 30–60 Sek., sobald das Wasser kocht.
Parallel dazu **Butter** in einer breiten Pfanne erhitzen. 4 Handvoll geputzte **Pfifferlinge,** 1 fein gewürfelte **Schalotte** und 1 gehackte **Knoblauchzehe** darin anbraten, bis die Pilze Farbe annehmen. Alles mit **Salz** und **Pfeffer** würzen und mit 1 Becher **Sahne** ablöschen. Die Sauce leicht einkochen, dann die Krebse zufügen und die Hitze reduzieren. Mit Salz, **Cayennepfeffer** und 1 großzügigen Schuss **Champagner** abschmecken. Nudeln, Krebsfleisch und Sauce auf vier Teller verteilen und mit **Schnittlauch** bestreuen.

Zu Pilzen und Flusskrebsen passen hausgemachte Nudeln besonders gut. Der Nudelteig ist rasch geknetet und mit einer Nudelmaschine auch relativ schnell ausgerollt. Wer sich die Mühe mit einem Nudelholz macht, hat eine Extraportion verdient – die Arbeit ist schweißtreibend und verbraucht viele Kalorien, die einen Nachschlag rechtfertigen!

Seezungenröllchen mit Senfsauce

Einer meiner »Strandhof«-Favoriten

Eine Fischfarce sorgt dafür, dass die Rouladen zusammenhalten. Für 8 Rouladen, die als Vorspeise für vier Personen reichen, 200 g gut gekühltes **Lachsfilet** ohne Haut und Gräten grob würfeln und mit **Salz** und 1 kühlschrankkalten **Eiweiß** pürieren. Langsam 200 g eisgekühlte **Sahne** in das Lachsmus einarbeiten, so dass eine glatte, glänzende Masse entsteht. Die fertige Farce mit Salz, **Pfeffer** und etwas **Zitronensaft** abschmecken.

Für jede Roulade 1 **Seezungenfilet** zwischen zwei Lagen Frischhaltefolie legen und leicht plattieren. Die Filets jeweils mit der Lachsfarce bestreichen und zu einer Roulade aufrollen. Die Rouladen in Frischhaltefolie einschlagen, dann in Alufolie zu einer strammen Rolle eindrehen und kalt stellen.

Für die Senfsauce je 1 Glas **Weißwein**, **Noilly Prat** und **Geflügelbrühe** sowie 1 Becher **Sahne** in einem Topf auf ca. 100 ml einkochen. ¼ Päckchen **Butter** in Würfel schneiden und mit einem Pürierstab in die heiße Sauce einarbeiten, bis die Butter aufgelöst und die Sauce schön schaumig ist. Die Sauce mit **Senf**, Salz, 1 Prise **Cayennepfeffer** und **Zitronensaft** abschmecken.

Die Rouladen in siedendem Wasser in ca. 15 Min. garziehen lassen. Zum Anrichten die Rouladen aus der Folie nehmen und in Scheiben schneiden. Die Senfsauce erwärmen und mit einem Pürierstab nochmals schaumig aufschlagen, dann mit den Röllchen anrichten. Dazu passt Wirsinggemüse.

Heutzutage sieht man auf Speisekarten selten dieses schöne Gericht. Die Zeiten von Fischfarce und pochierten Röllchen scheinen vorbei zu sein, abgelöst von Speisen, die möglichst naturbelassen sind oder vor Umami strotzen. Doch (fast) alles hat seine Berechtigung und es würde mich nicht wundern, wenn die feinen Seezungenrouladen ein Comeback erlebten.

Rinderfilet »Rossini«

Einer der Klassiker der großen französischen Küche – mit Leber, Trüffel und wunderbar komplexer Sauce!

Allein die Sauce hat es in sich! Dafür werden brauner **Kalbsfond** und kräftiger **Rotwein** zu gleichen Teilen unter Zugabe von **Thymian**, etwas **Knoblauch** und ein paar **Wacholderbeeren** eingekocht und anschließend durch ein feines Sieb passiert. Fantastisch, wenn Sie auch den braunen Kalbsfond zuvor schon selbst zubereiten, aber das nimmt viel Zeit in Anspruch. Wer es sich einfacher machen möchte, kann den Fond in einem Delikatessengeschäft oder online in guter Qualität kaufen.

Pro Person 1 ca. 4 cm dicke **Rinderfiletscheibe** in **Butter** bei mittlerer Hitze auf den gewünschten Garpunkt braten – bei »medium« beträgt die Kerntemperatur 55 °C. Anschließend die Medaillons in Alufolie schlagen und 5 Min. ruhen lassen.

Trüffel in feine Scheiben schneiden, in Butter leicht anbraten und mit **Salz** würzen. Den Bratsatz mit 1 Spritzer **Portwein** und **Madeira** ablöschen und kurz aufkochen. **Gänseleber** in fingerdicke Scheiben (1 pro Person) schneiden, mit **Salz** und **Pfeffer** würzen und in **Mehl** wenden. Die Leber in einer sehr heißen Pfanne ohne Fett von beiden Seiten goldbraun braten.

Die eingekochte Sauce aus Rotwein und Kalbsfond zusammen mit der Madeira-Jus aus der Pfanne erhitzen. Mit einem kleinen Schneebesen wenig eiskalte Butter einrühren, bis eine leichte Emulsion entsteht, die der Sauce Bindung verleiht. Etwas Sauce mittig auf die Teller gießen und jeweils 1 Scheibe Rinderfilet daraufgeben. Filets mit 1 Leberscheibe und den Trüffelscheiben belegen. Dazu passen Kartoffelrösti, Kartoffelpüree oder grüne Bohnen.

Zweierlei Mousse au Chocolat

Für die dunkle Mousse
125 g Zartbitterschokolade (70 % Kakaogehalt) / 125 g Vollmilchschokolade / 600 g Sahne / 1 Ei / 3 Eigelbe / 1–2 EL Rum

Für die weiße Mousse
250 g weiße Schokolade / 2 Blatt Gelatine / 200 g Sahne / 3 Eier / Salz / 30 ml Orangenlikör / abgeriebene Schale von 1 Bio-Limette

Für die dunkle Mousse beide Schokoladen hacken und über einem warmen Wasserbad schmelzen. Die Sahne steif schlagen. Ei und Eigelbe über einem warmen Wasserbad schaumig schlagen, bis die Masse andickt. Eimasse vom Wasserbad nehmen, die geschmolzene Schokolade unterziehen und auf Zimmertemperatur abkühlen lassen. Dann die Schlagsahne unterheben. Die Mousse mit Rum abschmecken, umfüllen und abgedeckt 4 Std. kaltstellen.
Für die weiße Mousse die Schokolade hacken und über einem warmen Wasserbad schmelzen. Gelatine in kaltem Wasser einweichen. Die Sahne steif schlagen. Die Eier trennen. Die Eiweiße mit 1 Prise Salz zu Eischnee schlagen. Die Eigelbe über einem warmen Wasserbad aufschlagen, bis die Masse andickt. Den Orangenlikör erhitzen. Gelatine ausdrücken, im Orangenlikör auflösen und unter die Eigelbe rühren. Die geschmolzene Schokolade unterziehen, dann den Eischnee und zuletzt die Sahne mit der Limettenschale. Mousse umfüllen und abgedeckt 4 Std. kaltstellen.
Zum Servieren Nocken abstechen und auf Teller setzen. Nach Belieben mit frischen Früchten oder Fruchtsaucen garnieren.

Schon jede für sich ist unwiderstehlich, doch im Doppelpack ergänzen sich die Mousses perfekt. Für beide müssen Sie Schokolade über einem Wasserbad schmelzen und Eier schaumig schlagen, bis sie andicken. Achten Sie darauf, dass das Wasser im Topf knapp unter dem Siedepunkt bleibt. Wird es zu heiß, kann es passieren, dass die Schokolade klumpig wird bzw. die Eimasse stockt.

Frankreich

Frankreich

Während meiner Zeit im »Strandhof« lernte ich einen französischen Kellner kennen, der mir das Leben und die Küche Frankreichs schmackhaft machte. Und so verschlug es mich durch seine Vermittlung in ein Spitzenrestaurant in den französischen Alpen, nach Grenoble. Als ich dort die Speisekarte las, dachte ich in den Gourmet-Himmel aufzusteigen. Aber Pustekuchen! Als junger deutscher Koch hatte ich es nicht einfach: Die ersten zwei, drei Monate war ich in der Spülküche, musste nebenher noch Spinat putzen und Artischocken schälen, schaute mir aber währenddessen bei meinen französischen Kollegen ihr – ich muss es sagen – überlegenes Handwerk ab, unterstützte, wo ich nur konnte, um dann, welch großes Glück, auf den Gardemanger versetzt zu werden. Die Devise hieß: »propre et vite« – »sauber und schnell«! Und dieser Satz sollte mich fortan durch mein Berufsleben begleiten. Salate, Terrinen, Suppen und alle Vorspeisen gehörten zu meinen Aufgaben und später dann auch Fisch und Fleisch. Die Produktqualitäten waren sensationell. Jeden Tag wurden die tollsten und frischesten Waren vom Großmarkt in Lyon geholt: Rotbarben und Rochenflügel, Kaninchen und Tauben, Zucchiniblüten und Trüffel, einfach alles, was mein Kochherz höherschlagen ließ. Die Arbeit war unglaublich hart. Ich hatte eine Sechstagewoche mit 14 Stunden täglich. Der Chef war zwar ein Choleriker, aber was sollte es – ich sog alles Neue begierig auf. Ich fühlte mich wie Gott in Frankreich.

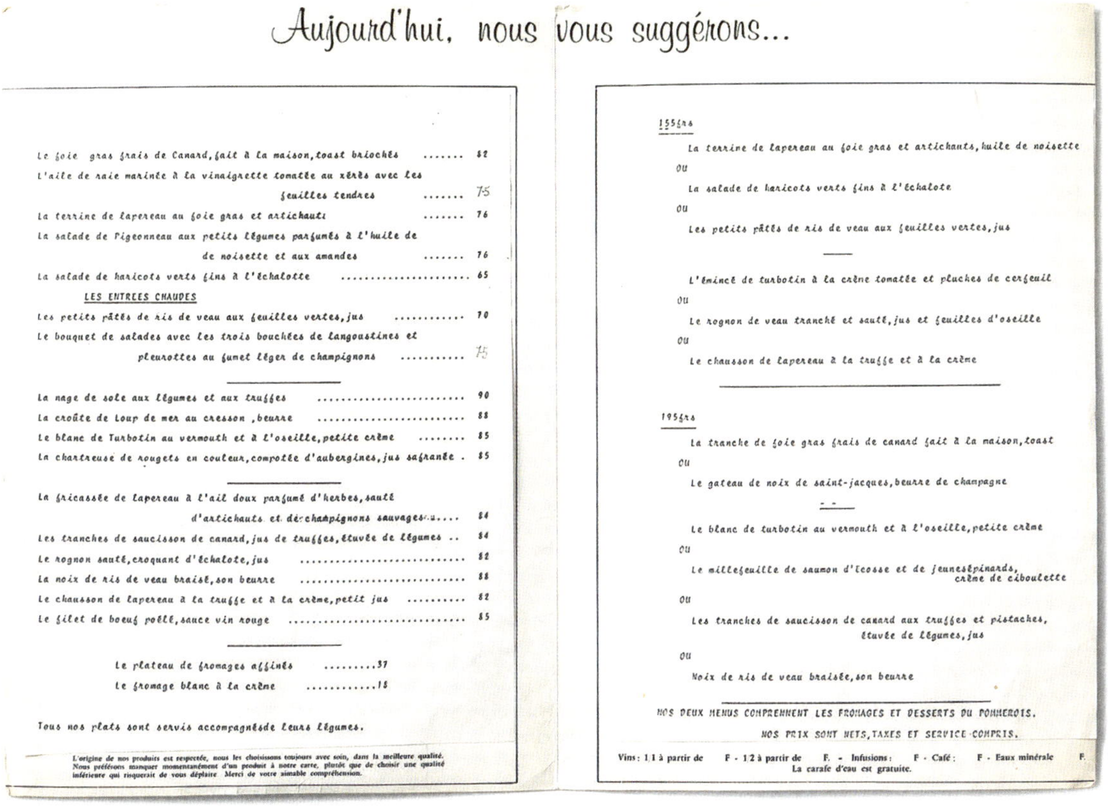

Aujourd'hui, nous vous suggérons...

Le foie gras frais de Canard, fait à la maison, toast brioché 82
L'aile de raie marinée à la vinaigrette tomatée au xérès avec les feuilles tendres 75
La terrine de lapereau au foie gras et artichauts 76
La salade de Pigeonneau aux petits légumes parfumés à l'huile de de noisette et aux amandes 76
La salade de haricots verts fins à l'échalotte 65

LES ENTREES CHAUDES

Les petits pâtés de ris de veau aux feuilles vertes, jus 70
Le bouquet de salades avec les trois bouchées de langoustines et pleurottes au fumet léger de champignons 75

La nage de sole aux légumes et aux truffes 90
La croûte de Loup de mer au cresson, beurre 88
Le blanc de Turbotin au vermouth et à l'oseille, petite crème 85
La chartreuse de rougets en couleur, compotée d'aubergines, jus safrané . 85

La fricassée de lapereau à l'ail doux parfumé d'herbes, sauté d'artichauts et de champignons sauvages..... 84
Les tranches de saucisson de canard, jus de truffes, étuvée de légumes .. 84
Le rognon sauté, croquant d'échalote, jus 82
La noix de ris de veau braisé, son beurre 88
Le chausson de lapereau à la truffe et à la crème, petit jus 82
Le filet de boeuf poêlé, sauce vin rouge 85

Le plateau de fromages affinés 37
Le fromage blanc à la crème 18

Tous nos plats sont servis accompagnésde leurs légumes.

L'origine de nos produits est respectée, nous les choisissons toujours avec soin, dans la meilleure qualité. Nous préférons manquer momentanément d'un produit à notre carte, plutôt que de choisir une qualité inférieure qui risquerait de vous déplaire. Merci de votre aimable compréhension.

155frs

La terrine de lapereau au foie gras et artichauts, huile de noisette
ou
La salade de haricots verts fins à l'échalote
ou
Les petits pâtés de ris de veau aux feuilles vertes, jus

L'émincé de turbotin à la crème tomatée et pluches de cerfeuil
ou
Le rognon de veau tranché et sauté, jus et feuilles d'oseille
ou
Le chausson de lapereau à la truffe et à la crème

195frs

La tranche de foie gras frais de canard fait à la maison, toast
ou
Le gateau de noix de saint-jacques, beurre de champagne

Le blanc de turbotin au vermouth et à l'oseille, petite crème
ou
Le millefeuille de saumon d'Ecosse et de jeunesépinards, crème de ciboulette
ou
Les tranches de saucisson de canard aux truffes et pistaches, étuvée de légumes, jus
ou
Noix de ris de veau braisée, son beurre

NOS DEUX MENUS COMPRENNENT LES FROMAGES ET DESSERTS DU POMMEROIS.
NOS PRIX SONT NETS, TAXES ET SERVICE COMPRIS.

Vins : 1/1 à partir de F - 1/2 à partir de F. - Infusions : F - Café : F - Eaux minérale F.
La carafe d'eau est gratuite.

Das Produkt ist der Star! Einen solchen, im positiven Sinne Produkt-Fanatismus hatte ich bis dato noch nicht erlebt! Dreimal in der Woche wurden auf dem Großmarkt in Lyon die besten, frischesten und einfach perfekten Zutaten – Gemüse und Kräuter, Fisch und Fleisch – gekauft. Es war eine Wonne!

Rochenflügel mit Croûtons und Spinat

Rochen ist ein wunderbarer Fisch, der in handflächengroßen, gut 400 g schweren Einzelportionen angeboten wird, dessen »Flügel« aber auch gerne mal 2 kg auf die Waage bringen können.

Berechnen Sie für diese Vorspeise für zwei Personen 2 filetierte **Stücke vom Rochenflügel** à ca. 100 g.
Für eine Vinaigrette 1 **Bio-Orange** waschen, die Schale fein reiben, dann die Frucht halbieren. Die eine Hälfte auspressen, die andere filetieren. 1 kleine, fein gehackte **Knoblauchzehe** mit Orangenschale, Orangensaft, etwas **Ahornsirup** und **Sherryessig, Salz**, **Pfeffer** und ca. 6 EL **Olivenöl** verrühren und abschmecken. 2 **Tomaten** kurz überbrühen, häuten und vierteln. Die Kerne entfernen und mit den Häuten in ein Sieb geben, den Saft auffangen. Die Viertel würfeln und mit dem Tomatensaft, ½ fein geschnittenen **Frühlingszwiebel** und etwas **Basilikum** unter die Vinaigrette mischen.
2 Handvoll **Babyspinat** waschen und trocken schleudern. 1 Scheibe **Weißbrot** in feine Würfel schneiden und in etwas **Olivenöl** und den Blättchen von 1 Zweig **Thymian** zu knusprigen Croûtons braten. 2 EL Pinienkerne in einer Pfanne ohne Fett rösten.
Die Fischstücke salzen, pfeffern und auf beiden Seiten in Olivenöl goldbraun anbraten. Den Spinat auf zwei Teller verteilen und mit der Hälfte der Tomaten-Vinaigrette beträufeln. Die Fischstücke daraufsetzen, den Bratensaft zur restlichen Vinaigrette geben und über den Fisch gießen. Zum Schluss die noch warmen Croûtons und die Pinienkerne über das Gericht streuen.

In Frankreich hat Geflügel einen größeren Stellenwert als hierzulande und wird auch in besserer Qualität angeboten. Dort sind Tauben wie auch Wachteln und Perlhühner zwar Delikatessen, aber keine schwer zu ergatternde Besonderheit. Doch inzwischen haben sich auch in Deutschland Geschäfte und Online-Versandhäuser auf französisches Geflügel spezialisiert.

Taube auf Gemüsesalat

Feinschmecker lieben das kräftige, dunkelrote Taubenfleisch.

Wenn Sie dieses Gericht als Vorspeise zubereiten, reicht 1 **Taube** für zwei Personen, als Hauptgang verdoppeln Sie die Zutaten.
Für den Salat 1 Handvoll **Le-Puy- oder Berglinsen** in sprudelnd kochendem Wasser (ohne Salz!) in 15–20 Min. weich kochen.
3 EL **Weißweinessig** mit ½ TL **Senf**, etwas **Honig**, **Salz**, **Pfeffer** und 4 EL **Olivenöl** zu einer Vinaigrette verrühren. 1 **Schalotte** fein würfeln. 1 **Möhre** und 1 Stück **Sellerie** in Stücke schneiden.
Den Backofen auf 180° vorheizen. Die Taube innen und außen kalt abbrausen und trocken tupfen. Dünn mit Olivenöl bepinseln, dann salzen und pfeffern. In einer ofenfesten Pfanne die Taube auf den Keulen und der Brust anbraten, dann 20 Min. im heißen Ofen (Mitte) weitergaren, bis das Fleisch rosa ist.
Währenddessen die Gemüsestücke in **Olivenöl** anbraten. Wenig **Wasser** angießen und das Gemüse bissfest garen. Die gekochten Linsen abgießen und mit der Hälfte der Vinaigrette zum Gemüse geben. Den Salat abschmecken und lauwarm halten.
1 Handvoll **Mandeln** grob hacken und in Butter goldbraun rösten. Die gebratene Taube aus dem Ofen nehmen und kurz ruhen lassen, dann Keulen und Brustfleisch mit einem spitzen Messer von den Knochen lösen. Fleischsaft zur übrigen Vinaigrette geben.
Den Salat auf Teller verteilen und mit jeweils ½ Taube belegen. Die restliche Vinaigrette über die Taube träufeln und alles mit **Granatapfelkernen** und den Mandeln bestreuen.

Doradenfilet auf Sauce marinière

Ein relativ simples Rezept, das von der Güte der Zutaten lebt. Absolut frisch müssen Muscheln und Dorade sein, dann wird dieses Gericht ein Festschmaus.

Für zwei Personen 4 Handvoll **Venusmuscheln** in einer großen Schüssel mit kaltem Wasser bedecken. 1 **Möhre**, 1 Stück **Sellerie** und ½ Stange **Lauch** putzen, waschen und fein würfeln. 1 rote **Chilischote** in Ringe schneiden.

Reichlich **Olivenöl** in einem Topf stark erhitzen. Die Muscheln aus dem Wasser heben und mit Chiliringen, **Lorbeerblättern**, etwas **Thymian** und **Petersilie** dazugeben. Alles umrühren und mit 1 Glas **Weißwein** ablöschen. Die Muscheln zugedeckt ca. 2 Min. garen, dabei einmal wenden. Dann in ein Sieb gießen, dabei den Sud auffangen. Muschelfleisch aus den geöffneten Muscheln lösen, geschlossene Muscheln wegwerfen. Das Muschelfleisch beiseitestellen, den Sud zurück in den Topf geben. Das gewürfelte Gemüse dazugeben und zugedeckt bissfest dünsten. Es soll knackig bleiben.

2 dicke **Doradenfilets** (je 150–200 g), geschuppt und entgrätet, mit **Salz** und **Pfeffer** würzen und in Olivenöl auf der Hautseite so lange braten, bis sie knusprig sind und sich leicht wenden lassen. Thymian und **Lorbeerblätter** zufügen. Die Filets auf die Fleischseite drehen und kurz weiterbraten, bis sie gar sind.

Gemüsewürfel und Muschelsud mit Salz, Pfeffer und **Zitronensaft** abschmecken. Das Muschelfleisch und etwas gehackte Petersilie unterrühren. Die Sauce marinière auf zwei Tellern verteilen und die Doradenfilets daraufsetzen.

Lammnüsschen mit Champignon-Zucchini-Küchlein

Hier verwende ich Lammkarree, das Rückenstück, das mit Knochen angeboten wird.

In der Regel brät man das Stück im Ganzen an und gart es dann im Ofen weiter. Ich jedoch pariere das **Lammkarree** (für vier Personen benötigen Sie 800 g) und entferne sämtliche Knochen, Sehnen und Häute. So habe ich genügend Abschnitte, um daraus eine köstliche Lamm-Jus zu kochen. Wird das Stück mit Fettdeckel angeboten, sollten Sie 200 g mehr einplanen. Bekanntlich ist Fett ein Geschmacksträger, knusprig ausgelassen esse ich es sehr gerne, aber ich kann verstehen, dass es nicht jedermanns Sache ist.
Den parierten Lammrücken beiseitestellen. Die Knochen und Abschnitte in einem Topf in wenig **Olivenöl** bei großer Hitze anbraten, bis sie Farbe annehmen. Je 1 grob zerkleinerte **Zwiebel** und **Möhre**, sowie 1 Stück gewürfelter **Sellerie** zufügen und mitbraten. 2 **Knoblauchzehen**, 2 Zweige **Thymian**, 1 kleinen Zweig **Rosmarin**, **Lorbeerblatt** und ein paar **Pfefferkörner** zufügen. Alles mit Wasser bedecken, mit wenig **Salz** würzen und 30–40 Min. leise köcheln lassen. Dann durch ein feines Sieb passieren und die Lamm-Jus auf ca. 70 ml einkochen.
Für die Küchlein 3 kleine **Zucchini**, 1 **Schalotte** und 1 **Knoblauchzehe** fein würfeln und in Olivenöl anbraten. Mit Salz, **Pfeffer**, Thymian und Rosmarin würzen und die Zucchini zugedeckt bei kleiner Hitze garen, bis ein Kompott entstanden ist.

Bitte umblättern →

Für eine »Duxelles« 250 g **Champignons** putzen und sehr fein hacken. Je 1 fein gehackte **Schalotte** und **Knoblauchzehe** in **Olivenöl** anschwitzen. Die Champignons dazugeben, salzen, pfeffern und braten, bis die Pilzmasse relativ trocken ist. Die Pilze mit fein gehackter **Petersilie,** Salz und Pfeffer abschmecken.

4 aromatische **Tomaten** kurz überbrühen, häuten und vierteln. Die Kerne entfernen und mit den Tomatenhäuten in ein Sieb geben, dabei den Saft auffangen.

Die Tomatenviertel fein würfeln, mit Salz, Pfeffer, 1 Prise **Zucker** und etwas **Zitronensaft** mischen. In einem zweiten Sieb abtropfen lassen, den Saft ebenfalls auffangen.

Kurz vor dem Servieren den Backofen auf 180° vorheizen. Ein Backblech mit Backpapier auslegen. Einen hohen Metallring auf das Blech setzen und zuerst ein Viertel des Zucchinikompotts, dann ein Viertel der Duxelles und zum Schluss ein Viertel der Tomatenwürfel einfüllen. Das Gemüse leicht andrücken.

Dann den Ring vorsichtig abziehen und drei weitere Küchlein auf die gleiche Weise vorbereiten. Das Backblech in den heißen Ofen schieben und die Küchlein in 12 Min. vollständig erwärmen.

In der Zwischenzeit den sauber parierten Lammrücken in ca. 3 cm breite Stücke schneiden und mit **Thymian- und Rosmarinzweigen** in **Olivenöl** rosa braten, dann 5 Min. ruhen lassen.

3 fein gehackte Blättchen **Basilikum** in die Lammjus geben. Den aufgefangenen Tomatensaft angießen und alles zum Kochen bringen. 1 Schuss Olivenöl in die Lamm-Jus einrühren.

Die heißen Küchlein aus dem Ofen nehmen und mit einer Palette vorsichtig auf Teller platzieren. Lammnüsschen danebenlegen. Alles mit Lamm-Jus nappieren und servieren.

Die Zubereitung eines »Küchleins«, die mich über Jahre hinaus inspiriert hat: Die Zucchiniwürfel brate ich in Olivenöl an und gare sie dann bei kleiner Hitze, bis die Flüssigkeit eingekocht ist und das Gemüse eine kompottähnliche Konsistenz hat. Dann kombiniere ich sie mit Duxelles und aromatischer Tomaten-Concassée – ein Gedicht!

Kaninchen-Chausson mit Trüffelrahm und Chicorée

Kaninchen besitzen ein zartes Fleisch, das geschmacklich an kräftiges Geflügel wie Perlhuhn erinnert. Als Füllung in einer Blätterteigpastete und geadelt mit schwarzem Trüffel verdient es einen Platz auf der Festtafel.

Meist werden Kaninchen geschmort, den Klassiker »in Senfsauce« gibt es in Frankreich überall. Auch hier schmore ich das Fleisch, koche den Sud aber stark ein und binde ihn mit Mehlbutter. So bekomme ich eine Masse, in der die Fleischstücke zusammenhalten. Verwenden Sie 1 schwarze **Trüffelknolle im eigenen Saft** aus der Konserve. Im Gegensatz zum frischen Wintertrüffel gibt es diese ganzjährig in sehr guter Qualität, ihr Aroma ist kräftig und der wunderbare Saft verleiht dem Gericht einen extra Trüffelkick.
Für sechs Chaussons 2 **Kaninchenkeulen** im Gelenk durchschneiden. 1 **Zwiebel**, 1 **Möhre** und 1 Stück **Sellerie** würfeln. In einem Bräter die Keulen in **Butter** leicht anbraten, das Gemüse mitbraten. Alles mit **Salz** und **Pfeffer** würzen, mit je 1 Glas **Weißwein** und **Noilly Prat** ablöschen und 10 Min. leise köcheln lassen. Ca. 200 ml **Geflügelbrühe** angießen. Das Fleisch zugedeckt bei kleiner Hitze in 30–40 Min. weich schmoren, dann die Keulen aus dem Bräter nehmen und abkühlen lassen.
Inzwischen 1 Schuss **Sahne** und 125 g **Crème double** zum Schmorsud in den Bräter geben, aufkochen und durch ein feines Sieb passieren. Je 2 EL **Butter** und **Mehl** verkneten und kalt stellen.

Bitte umblättern →

Das Fleisch von den Knochen lösen und in kleine Würfel schneiden. Die Hälfte der Trüffelknolle fein würfeln, in **Butter** anschwitzen und mit Salz und Pfeffer würzen. Den Trüffelsaft und etwas **Sherry-Cream** angießen. Alles auf die Hälfte einkochen, dann zu der Sahnesauce gießen. Die Mehlbutter einrühren. Die Sauce aufkochen und auf ca. 150 ml einkochen, dann mit Salz, **Cayennepfeffer** und **Zitronensaft** abschmecken.
Die restliche Trüffelhälfte in sechs Scheiben schneiden. Die eingekochte Sauce warm über das Kaninchenfleisch gießen und alles auf einem Blech vollständig erkalten lassen. Die Masse sollte danach schnittfest sein. Die Kaninchenmasse in sechs Portionen schneiden und jede Portion zu einer Kugel rollen.
2 Päckchen **Blätterteig** (Kühlregal) auf einer bemehlten Arbeitsfläche quer ausbreiten und in je drei Rechtecke schneiden. Auf dem unteren Drittel eines jeden Rechtecks 1 Portion Kaninchenragout platzieren, darauf jeweils 1 Trüffelscheibe legen. Die Blätterteigränder mit verquirltem **Eiweiß** bestreichen. Blätterteig über der Füllung zusammenklappen und an den Rändern verschließen, z. B. leicht einrollen. **Eigelb** mit wenig **Milch oder Wasser** verquirlen. Pastetchen damit bestreichen und mindestens 30 Min. kalt stellen.
25 Min. vor dem Servieren den Backofen auf 190° Umluft vorheizen. Die Pastetchen in 15 Min. im heißen Ofen goldbraun backen. Währenddessen 2 **Chicorée** in einzelne Blätter teilen und in einer breiten Pfanne in **Butter** anbraten. Chicoréeblätter mit **Tokayer, Sauternes oder deutscher Beerenauslese** ablöschen und zugedeckt 3 Min. garen. Den Deckel öffnen, die Flüssigkeit fast vollständig einkochen. Den Chicorée salzen und pfeffern.
Die Chaussons mit dem glasierten Chicorée auf sechs Tellern anrichten, nach Belieben eine Trüffelsauce dazu servieren. In Frankreich wurde manchmal noch eine Beurre blanc, eine Weißwein-Butter-Sauce, mit Trüffeln dazu gereicht.

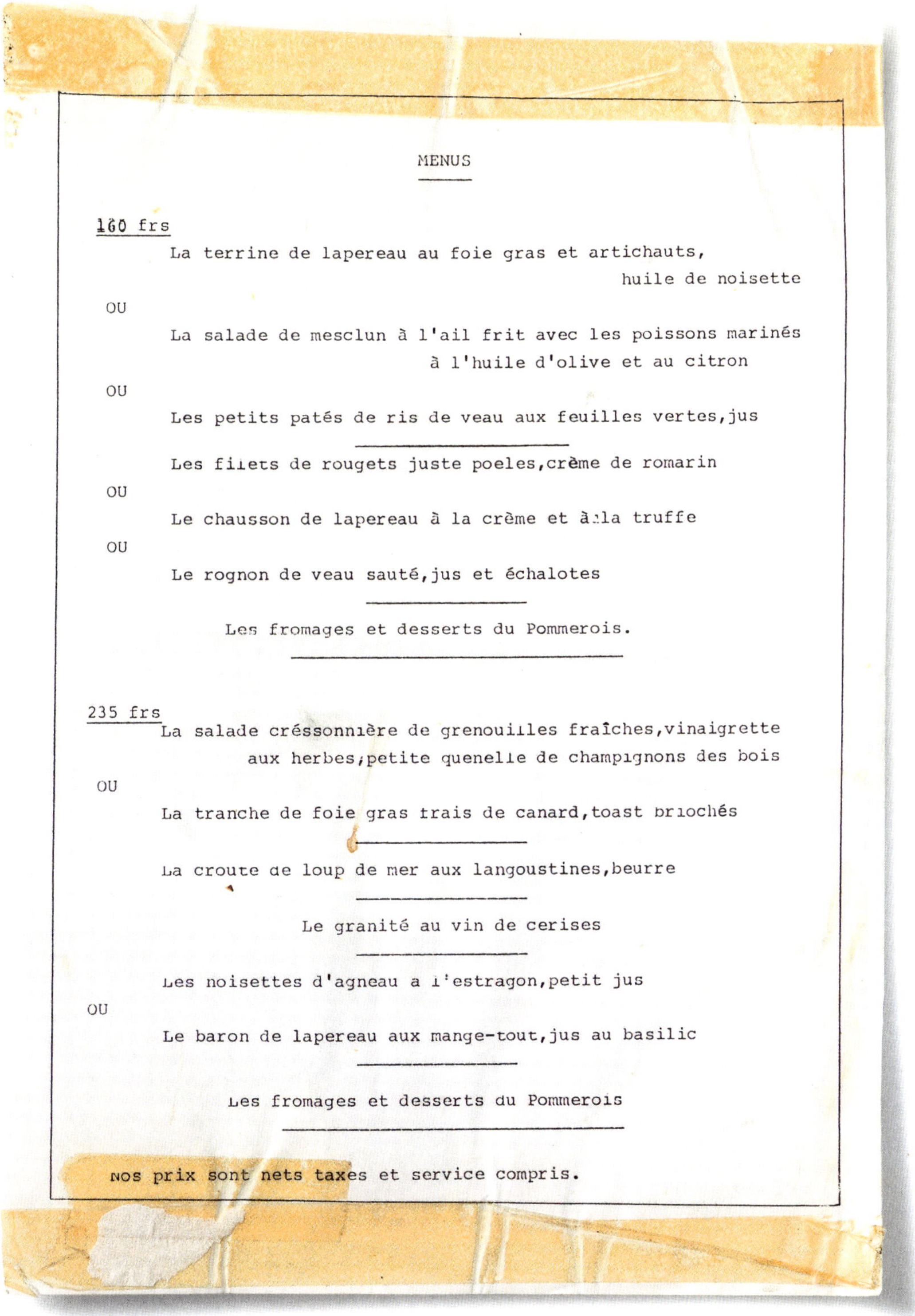

MENUS

160 frs

La terrine de lapereau au foie gras et artichauts,
huile de noisette

OU

La salade de mesclun à l'ail frit avec les poissons marinés
à l'huile d'olive et au citron

OU

Les petits patés de ris de veau aux feuilles vertes,jus

Les filets de rougets juste poeles,crème de romarin

OU

Le chausson de lapereau à la crème et à la truffe

OU

Le rognon de veau sauté,jus et échalotes

Les fromages et desserts du Pommerois.

---

235 frs

La salade créssonnière de grenouilles fraîches,vinaigrette
aux herbes,petite quenelle de champignons des bois

OU

La tranche de foie gras frais de canard,toast briochés

La croute de loup de mer aux langoustines,beurre

Le granité au vin de cerises

Les noisettes d'agneau a l'estragon,petit jus

OU

Le baron de lapereau aux mange-tout,jus au basilic

Les fromages et desserts du Pommerois

Nos prix sont nets taxes et service compris.

»Küss die Hand, gnädige Frau«:
Traditionen überall, auch auf dem Teller – herrlich!

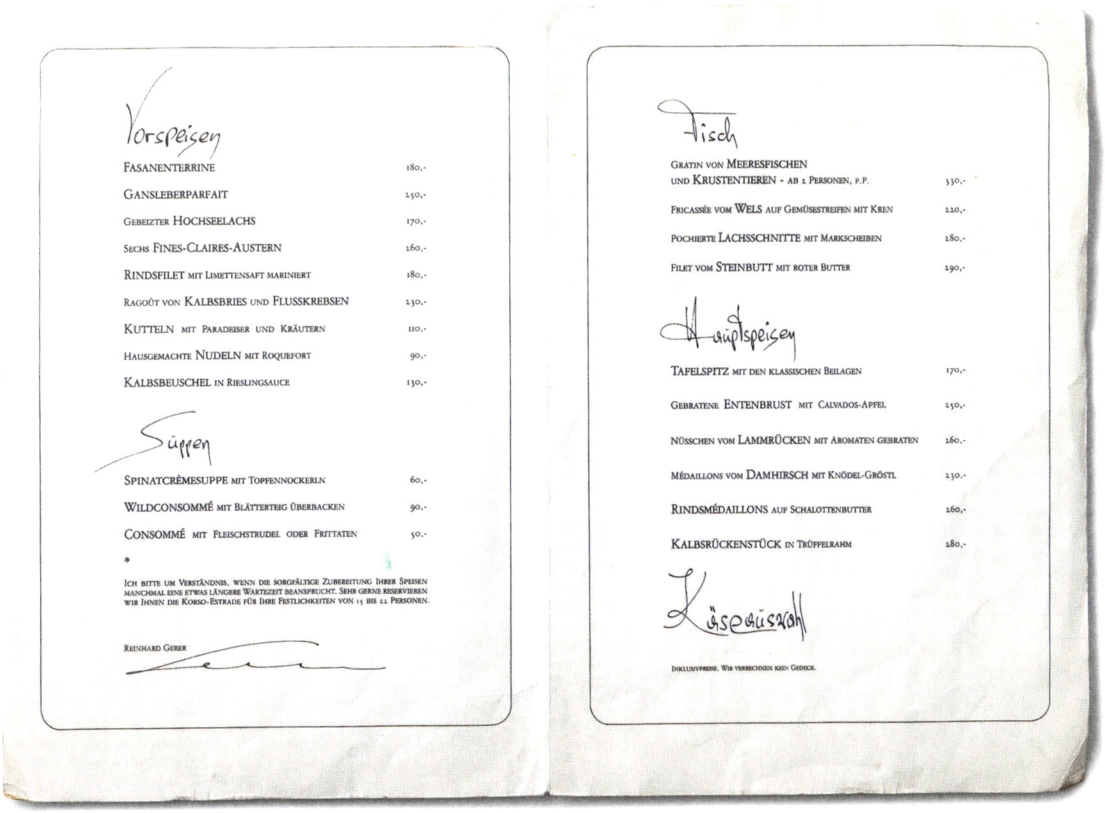

Vorspeisen

Fasanenterrine	180,-
Gansleberparfait	250,-
Gebeizter Hochseelachs	170,-
Sechs Fines-Claires-Austern	260,-
Rindsfilet mit Limettensaft mariniert	180,-
Ragoût von Kalbsbries und Flusskrebsen	230,-
Kutteln mit Paradeiser und Kräutern	110,-
Hausgemachte Nudeln mit Roquefort	90,-
Kalbsbeuschel in Rieslingsauce	130,-

Suppen

Spinatcrèmesuppe mit Topfennockerln	60,-
Wildconsommé mit Blätterteig überbacken	90,-
Consommé mit Fleischstrudel oder Frittaten	50,-

*

Ich bitte um Verständnis, wenn die sorgfältige Zubereitung Ihrer Speisen manchmal eine etwas längere Wartezeit beansprucht. Sehr gerne reservieren wir Ihnen die Korso-Estrade für Ihre Festlichkeiten von 15 bis 22 Personen.

Reinhard Gerer

Fisch

Gratin von Meeresfischen und Krustentieren - ab 2 Personen, p.p.	330,-
Fricassée vom Wels auf Gemüsestreifen mit Kren	220,-
Pochierte Lachsschnitte mit Markscheiben	280,-
Filet vom Steinbutt mit roter Butter	290,-

Hauptspeisen

Tafelspitz mit den klassischen Beilagen	170,-
Gebratene Entenbrust mit Calvados-Apfel	250,-
Nüsschen vom Lammrücken mit Aromaten gebraten	260,-
Médaillons vom Damhirsch mit Knödel-Gröstl	230,-
Rindsmédaillons auf Schalottenbutter	260,-
Kalbsrückenstück in Trüffelrahm	280,-

Käseauswahl

Inklusivpreise. Wir verrechnen kein Gedeck.

Mit Champagner-Sabayon gratinierte Früchte

In der Einfachheit liegt die Genialität!

Bereiten Sie dieses Dessert mit Früchten zu, die gerade Saison haben. Im Sommer eignen sich unsere heimischen Beeren, aber auch Pfirsiche, Aprikosen oder Kirschen. Im Winter ziehe ich Exoten wie Bananen, Mangos oder Kiwi unserem Kernobst vor, denn Äpfel und Birnen sind recht fest und verbinden sich nicht so schön mit der Sabayon.

Früchte à la Saison putzen, waschen und trocken tupfen. Rechnen Sie für ein Dessert in einem Menü mit 100 g pro Person, ansonsten mit 150 g. Die Früchte je nach Größe ganz lassen oder in mundgerechte Stücke schneiden. Mit **Puderzucker** bestäuben, mit **Limetten- oder Zitronensaft** beträufeln und marinieren lassen.
Kurz vorm Servieren den Backofengrill vorheizen und die Früchte in tiefen ofenfesten Tellern anrichten. Für vier Portionen Sabayon 3 **Eigelbe**, 3 EL **Zucker**, 1 TL **Limettensaft**, **Vanillemark**, **Salz** und 150 ml **Champagner** in einer Metallschüssel über einem heißen Wasserbad schaumig schlagen, bis die Sauce andickt. 1 Blatt fein gehackte **Minze** unterheben.
Die Sabayon über den Früchten verteilen und im heißen Ofen (2. Schiene von oben) gratinieren, bis sie eine goldgelbe bis goldbraune Färbung angenommen hat. Die Gratins sofort servieren.

Wien

Wien

Was mir noch fehlte, war die klassische Küche: Wie gelingt ein Tafelspitz perfekt? Wie backt man ein Soufflé? Wie pochiere ich Fisch? Das wollte ich unbedingt noch lernen. Ich hatte zwar in der »Filmhauskneipe« schon einiges gesehen, aber inzwischen wusste ich, dass es da noch viel Luft nach oben gab. Und die klassische Küche, sie fand ich in Wien, in einem der besten Restaurants des Landes, wo ich als nächstes meine Zelte aufschlug. Direkt neben der Wiener Staatsoper, in einem Fünf-Sterne-Grandhotel, befand sich ein wunderbares Restaurant. Mittags kam das »Who is Who« der österreichischen Wirtschaft und der Politik, abends gaben sich Prominente und Künstler die Klinke in die Hand, und zum krönenden Abschluss gab es für Besucher der Oper gegen 23:00 Uhr noch ein sogenanntes »Opern-Souper«. Das hieß, wir hatten jeden Tag drei verschiedene Services, aber nur ein Team: Arbeit von morgens bis nachts! Auf der Speisekarte wurde genau das angeboten, was ich noch lernen wollte: Tafelspitz, Riesling-Kalbsbeuschel mit Serviettenknödel, pochierter Lachs und Seezunge Müllerin, herrliche Mehlspeisen und vieles mehr. Alles tolle Klassiker in bester Qualität und Tradition! Und Wien: Eine Stadt zog mich in ihren Bann. Die Kaffeehäuser, der Naschmarkt, die Rotenturmstraße und vor allem die umliegenden Weinanbaugebiete, die ich an meinen freien Tagen erkundete, um dann regelmäßig bei einem Heurigen hängenzubleiben und zu versacken: Es gab auch einen Genuss-Gott in Osterreich ...

Ursprünglich war dieses Gericht aus Lunge und Kalbsherz nichts für die gehobene Küche, doch mit dem Aufkommen von verfeinerten Rahmsaucen im 19. Jahrhundert wurde das Beuschel salonfähig. Heute können Sie mit Glück ein Beuschel in einem traditionellen Gasthaus in Österreich finden und mit diesem Rezept und einem guten Metzger auch selbst zubereiten.

Kalbsbeuschel mit Rieslingsauce

Eine urösterreichische Spezialität

1 **Kalbslunge** (ca. 800 g) und 1 **Kalbsherz** (ca. 400 g) in reichlich kaltem Wasser wässern, dann mit zerkleinertem **Wurzelgemüse** und gewürfelter **Zwiebel** in einem Topf mit frischem Wasser bedecken. **Salz**, **Lorbeerblätter**, **Petersilie**, ein paar **Pfefferkörner** und 2 **Nelken** zufügen. Alles mit einem wassergefüllten Topf beschweren – die Lunge schwimmt sonst oben und gart nicht. Alles aufkochen, dann köcheln lassen, bis Lunge und Herz zart sind. Die Lunge benötigt 1½ Std., das Herz bis zu 2 Std. Die gegarten Innereien herausnehmen und sofort eiskalt abschrecken. Die Lunge erneut beschweren, so wird sie fest.
Für die Sauce je 2 EL **Mehl** und **Butter** mischen und kalt stellen. Den Kochsud durch ein Sieb passieren. 1 **Möhre**, 100 g **Sellerie** und den hellen Teil von 1 Stange **Lauch** in feine Streifen schneiden und kurz im Kochsud blanchieren, dann herausheben und abtropfen lassen. **Zwiebel, Essiggurken** und **Knoblauchzehe** fein schneiden und in **Butter** anschwitzen. 1 Glas **Riesling** angießen und einkochen, 1 l Kochsud angießen und aufkochen. Die Mehlbutter und **Sahne** einrühren. Die Sauce einkochen. Die Haut der Lunge abziehen. Lunge und Herz in Streifen schneiden und in der Sauce 20 Min. erwärmen, dann die Gemüsestreifen zufügen. Mit abgeriebener **Zitronenschale**, **Senf**, Salz, **Pfeffer** und **Gurkenwasser** abschmecken und mit **Schnittlauch,** je 1 **Wachtelspiegelei** und Serviettenknödel-Scheiben servieren.

Für den Serviettenknödel bitte umblättern →

Der Unterschied zwischen einem »normalen« Knödel und einem Serviettenknödel liegt in der Konsistenz. Die Masse für einen Serviettenknödel ist deutlich luftiger und flaumiger und würde ohne die schützende Leinenserviette oder Folie im siedenden Wasser nicht zusammenhalten.

Serviettenknödel

Perfekt zum Kalbsbeuschel!

300 g **Toastbrot** in Würfel schneiden und in eine Schüssel geben. Mit 150 ml **Milch** und 150 g **Sahne** übergießen und einweichen lassen. 1 gewürfelte **Zwiebel** in etwas **Butter** glasig anschwitzen. Zwiebelwürfel zum Brot geben.
4 zimmerwarme **Eier** trennen. Die Eigelbe mit 100 g weicher **Butter** in einer Schüssel schaumig schlagen. Fein gehackte **Petersilie** unter die Butter-Eigelb-Mischung heben, das Ganze mit **Salz**, **Pfeffer** und **Muskat** würzen. Die Eiweiße mit 1 Prise Salz steif schlagen und behutsam unterheben.
Zwei Stück Frischhalte- oder Alufolie mit Butter bestreichen. Mit den Händen aus der Brotmasse zwei längliche Rollen formen (Ø ca. 5 cm). Die Rollen fest in die gebutterte Folien einrollen. Die Folienenden gut eindrehen, damit sie sich im Wasser nicht öffnen. Die Rollen in einen großen Topf mit leicht siedendem Wasser geben und die Serviettenknödel darin ca. 20 Min. garen. (Wenn Sie den Serviettenknödel nach altbewährter Tradition zubereiten möchten, nehmen Sie eine große gebutterte Leinenserviette. Die Brotmasse zu einem Kloß formen, in die Mitte der Serviette setzen und alle vier Enden über dem Kloß zusammenknoten. 45 Min. garen, nach der Hälfte der Zeit einmal wenden.)
Die gegarten Knödelrollen aus dem Wasser heben und 10 Min. ruhen lassen, dann aus der Folie wickeln, in Scheiben schneiden und diese kurz vor dem Servieren in etwas Butter braten.

Pochierter Lachs mit Mark und Spinat

Auf den ersten Blick ungewöhnlich: Der ohnehin schon recht fette Lachs wird mit Rindermark, das fast ausschließlich aus Fett besteht, getoppt. Aber glauben Sie mir: Die beiden harmonieren ganz vorzüglich! Wer keinen Appetit auf Rindermark hat, kann es auch weglassen. Die Kombination aus Spinat, Lachs und Weißweinbutter ist auch so schon wunderbar.

Rechnen Sie für vier Personen mit 12 Scheiben **Rindermark**, jeweils ca. 1 cm dick. Die Scheiben zunächst wässern, um die im Mark enthaltenen Blutreste herauszuziehen. Sie können das Rindermark beim Garen gräulich färben.

Für die Weißweinbutter, »Beurre blanc«, 2 **Schalotten** und 1 kleine **Knoblauchzehe** fein schneiden und in **Butter** glasig anschwitzen. 1 Glas **Riesling** und ½ Glas **Noilly Prat** angießen und auf ein Viertel einkochen. 250 ml **Geflügelbrühe** angießen und alles erneut stark einkochen, bis ungefähr 100 ml Flüssigkeit übrigbleiben. Die reduzierte Weißweinmischung durch ein feines Sieb passieren, die Rückstände im Sieb fest ausdrücken. Die Flüssigkeit erneut zum Kochen bringen, dann ca. 100 g eiskalte Butter in Würfel schneiden und mit einem Pürierstab einarbeiten, sodass die Sauce leicht bindet. Die Weißweinbutter mit **Salz**, **Pfeffer** und **Cayennepfeffer** abschmecken und beiseitestellen.

Für knusprige Brösel 2 Scheiben **Toast** fein würfeln und in wenig Butter von allen Seiten goldbraun rösten, dabei häufig wenden. Die Brösel auf einem Teller beiseitestellen.

Bitte umblättern →

Für den Lachs zunächst einen Pochiersud zubereiten. Dafür 150 ml **Weißwein** mit ca. 450 ml **Wasser** in einen breiten Topf gießen. **Rosmarin**, **Lorbeerblatt**, **Wacholderbeeren**, Salz und ein paar **Pfeffer- und Pimentkörner** dazugeben. Die Flüssigkeit zum Kochen bringen und 5 Min. köcheln lassen.

Dann pro Person 1 Stück **Lachsfilet** mit Haut und ohne Gräten (à ca. 150 g) mit Salz und Pfeffer würzen und in den heißen Pochiersud einlegen. Die Stücke sollen nebeneinander liegen und komplett mit Flüssigkeit bedeckt sein, ansonsten garen sie nicht gleichmäßig. Den Topf vom Herd ziehen. Die Lachsstücke zugedeckt im Sud – je nach Dicke – 5–10 Min. pochieren, d. h. bei 80° sanft garziehen lassen; der Lachs ist gar, wenn sich die Haut leicht abziehen lässt.

Währenddessen den Backofengrill vorheizen. Die Markscheiben trocken tupfen, nebeneinander auf ein Backblech setzen und mit Salz und Pfeffer würzen. Kurz vor dem Servieren die Markscheiben ca. 3 Min. unter den heißen Grillschlangen erhitzen, bis sie glasig und weich sind, dabei einmal wenden.

Für den Spinat pro Person 2 Handvoll **Blattspinat** putzen, waschen und abtropfen lassen. Den Spinat in etwas Butter dünsten, bis er zusammenfällt. Das geht ruckzuck, Sie müssen dafür nicht mehr als 2 Min. einplanen. Den Spinat beim Dünsten ständig umrühren, dann mit Salz, Pfeffer und **Muskat** abschmecken.

Den gedünsteten Spinat – möglichst ohne Sud – auf Teller verteilen. Die Weißweinbutter erhitzen, jedoch nicht mehr kochen lassen und mit einem Pürierstab aufschäumen. Die Buttersauce über den Spinat gießen. Lachs vorsichtig aus dem Pochiersud heben, trocken tupfen und auf den Spinat setzen. Mit Markscheiben belegen und mit den gerösteten Toastbröseln bestreut servieren.

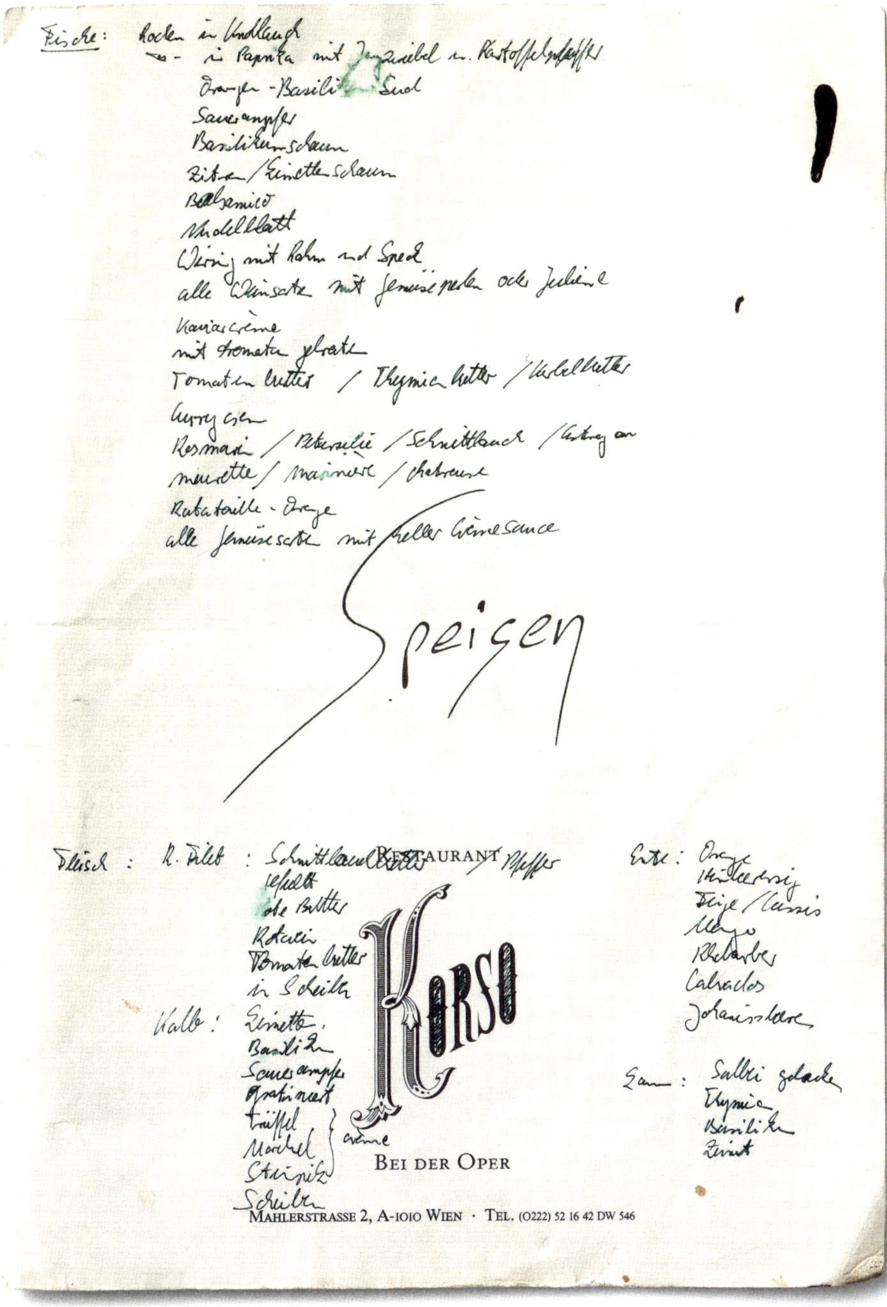
Speisen
Restaurant
Korso
Bei der Oper
Mahlerstrasse 2, A-1010 Wien · Tel. (0222) 52 16 42 DW 546

Tafelspitz

Der österreichische Klassiker

Tafelspitz, das wunderbar mürbe Fleischstück aus der Keule, wird langsam gesotten und traditionell mit feinen Beilagen serviert. In vielen Restaurants wird die aromatische Brühe, die beim Kochen entsteht, vorweg serviert – mit Frittaten, Gemüse oder nur mit Schnittlauchröllchen.

1 **Rindertafelspitz** reicht für sechs Personen. Das Fleisch von den Sehnen befreien, aber die Fettschicht dranlassen. Reichlich **Wasser** mit einigen **Suppen- und Markknochen** in einem großen Suppentopf zum Kochen bringen. Schaum abschöpfen. Den Tafelspitz dazugeben. 1 **Zwiebel** halbieren und mit der Schnittfläche nach unter in einer Bratpfanne kräftig rösten, bis sie eine braune Schnittfläche hat. Mit rund 600 g grob gewürfeltem **Wurzelgemüse** zum Tafelspitz geben und alles leicht siedend weitergaren. Die Brühe nicht salzen, da das Fleisch sonst zu trocken wird. Nach 2½–3 Std. die Garprobe machen: Lässt sich eine Gabel leicht in das Fleisch stechen und genauso leicht wieder herausziehen, ist das Fleisch gar. Fleisch in der Brühe etwas oder ganz abkühlen lassen, dann lässt es sich besser schneiden. Die Brühe durch ein Sieb passieren. Das Fleisch entgegen der Faser in ca. 1 cm dünne Scheiben schneiden. Die Fleischscheiben in einem Topf mit seiner Brühe bedecken und kurz vor dem Servieren erwärmen, jedoch darauf achten, dass die Brühe nicht kocht, sondern knapp unter dem Siedepunkt bleibt. Die restliche Brühe mit **Salz** und **Pfeffer** abschmecken und nach Belieben als Vorspeise servieren.

Für die klassischen Beilagen bitte umblättern →

Klassische Beilagen

Servieren Sie den Tafelspitz mit Ihren Lieblingsbeilagen

Für den Apfelkren 1 säuerlichen **Apfel** (Boskop) schälen, fein reiben und schnell mit **Zitronensaft** mischen, damit er nicht braun wird. Frisch geriebenen **Meerrettich** unterheben. Den Apfelkren mit **Salz** und **Pfeffer** abschmecken.
Für die Schnittlauchsauce 1 Scheibe **Toast** in **Milch** einweichen, gut ausdrücken und mit 1 sehr frischen, rohen **Eigelb** und 1 hart gekochten, fein gehackten **Ei** verrühren. Mit **Senf**, **Salz** und **Pfeffer** würzen. Unter ständigem Mixen mit einem Pürierstab ca. 100 ml neutrales **Öl** einrühren. Die Sauce mit **Weißweinessig** abschmecken. **Schnittlauch** unterrühren.
Für den Semmelkren 1 **Brötchen** klein schneiden und in einem Topf mit 1 Kelle **Tafelspitzbrühe** aufkochen. 1 Schuss **Sahne**, frisch geriebenen **Meerrettich** und etwas **Butter** zufügen und alles pürieren. Mit **Salz**, **Pfeffer** und **Schnittlauch** abschmecken.
Für den Cremespinat 1 großes Bund **Blattspinat** putzen, waschen und zerkleinern. Fein gewürfelte **Zwiebel** und **Knoblauchzehe** in **Butter** anschwitzen. Spinat und 1 Kelle **Tafelspitzbrühe** zufügen und kurz kochen lassen, dann pürieren. 1 Schuss **Sahne** angießen und den Spinat mit **Salz**, **Pfeffer** und **Muskat** abschmecken.
Für die Bratkartoffeln gekochte und in Scheiben geschnittene **Kartoffeln** in **Butterschmalz** braten. Sobald sie Farbe angenommen haben, Kartoffeln wenden und weiterbraten, bis sie knusprig und goldbraun sind. Mit **Salz** und **Pfeffer** würzen.

Diese feinwürzigen Beilagen begleiten traditionell in Österreich den sanft gegarten Tafelspitz (von oben links im Uhrzeigersinn): Apfelkren, Schnittlauchsauce, Semmelkren, Cremespinat und Bratkartoffeln.

Entenbrust mit Calvados

Das kräftige Fleisch und die fette Haut der Ente harmonieren sehr gut mit den süß-säuerlichen Äpfeln. Aber auch andere Früchte wie filetierte Orangen, Feigen oder sogar in Spalten geschnittene Mangos passen perfekt.

Rechnen Sie pro Person mit 1 **Entenbrustfilet** von ca. 250 g. Die Haut mit einem scharfen Messer leicht einschneiden.
Den Backofen auf 160° vorheizen. Die Entenbrüste mit **Salz** und **Pfeffer** würzen und bei mittlerer Hitze in einer ofenfesten Pfanne auf der Hautseite braten. Nach ca. 2 Min. die Entenbrust wenden und nach Belieben **Lorbeerblätter** und **Thymianzweige** zum Aromatisieren mit in die Pfanne geben. Entenbrust weitere 2 Min. braten, dann 7 Min. im heißen Ofen (Mitte) weitergaren, bis das Fleisch rosa gebraten ist. Entenbrust aus dem Ofen nehmen und 5 Min. ruhen lassen.
Parallel dazu pro Person ½ **Apfel** (z. B. Cox oder Elstar) schälen, in Spalten schneiden und das Kernhaus entfernen. Die Apfelspalten mit 1 Prise **Zimtpulver** in eine zweite Pfanne geben, mit wenig **Zucker** bestreuen und braten, bis sie Farbe annehmen und karamellisieren. Mit 1 Schuss **Calvados** ablöschen und die Apfelspalten weitergaren, bis sie weich sind. Sie sollen aber nicht zerfallen.
Die karamellisierten Äpfel zur gegarten Entenbrust geben und beides warm halten. 1 Glas **Entenfond** in die Apfelpfanne gießen und kräftig einkochen, bis eine glänzende Sauce entstanden ist.
Das Entenbrustfleisch in Scheiben schneiden und mit Sauce, Apfelspalten und Nussbuchteln auf Tellern anrichten.

Für die Nussbuchteln bitte umblättern →

Nussbuchteln

350 g Mehl / 150 ml Milch / 25 g frische Hefe / 1 TL Zucker / 250 g gemahlene Haselnusskerne / 2 Eier / 2 Eigelbe / 200 g weiche Butter + Butter für die Form / Salz / Zimtpulver

Das Mehl in eine Schüssel geben und in die Mitte eine Mulde drücken. Ca. 20 ml Milch lauwarm erwärmen. Die Hefe mit der erwärmten Milch und dem Zucker verrühren. Die Mischung in die Mulde geben. Die Schüssel mit einem sauberen Küchentuch bedecken und den Vorteig 10 Min. gehen lassen.
Dann die restlichen 130 ml Milch in einem Topf leicht erwärmen (auf 35°) und langsam mit den Knethaken des elektrischen Handrührgeräts in den Vorteig einarbeiten. Die gemahlenen Haselnüsse zufügen und nach und nach Eier, Eigelbe, 170 g weiche Butter sowie je 1 Prise Salz und Zimtpulver unter den Teig mischen. Alles so lange kneten, bis ein geschmeidiger Hefeteig entstanden ist. Den Teig zugedeckt in der Rührschüssel mindestens 45 Min. an einem warmen Ort gehen lassen.
Den aufgegangenen Teig erneut auf einer bemehlten Arbeitsfläche durchkneten und zu einer länglichen Rolle formen. Die Rolle in 20 Stücke teilen. Die restlichen 30 g Butter schmelzen.
Jedes Teigstück zu einer Kugel formen, durch die geschmolzene Butter ziehen und in eine gut gefettete Backform setzen. Die Buchteln in der Form zugedeckt 20 Min. ruhen lassen. Währenddessen den Backofen auf 180° vorheizen.
Nach der Ruhezeit die Nussbuchteln im heißen Ofen (Mitte) in ca. 30 Min. goldbraun backen.

Birnenstrudel, Sorbet und Vanille-Sahne

Dieses Dessert besteht aus mehreren Komponenten, die sich wunderbar ergänzen und gut vorbereiten lassen.

Das Birnensorbet für dieses Dessert können Sie schon mehrere Tage im Voraus zubereiten. Für vier Personen 500 g reife, süße **Birnen** schälen und vierteln, die Kernhäuser entfernen. Birnenviertel klein schneiden und mit 2 EL **Zitronensaft**, 2 EL **Akazienhonig**, 4 EL **Zucker** und 100 ml **Weißwein** in einen Topf geben. 1 haselnussgroßes Stück **Ingwer** dazureiben. Alles aufkochen und köcheln lassen, bis die Birnen sehr weich sind. Dann die Birnen im Mixer oder mit dem Pürierstab sehr fein pürieren. Sollte die Masse noch zu körnig sein, das Püree zusätzlich durch ein feines Sieb streichen. Die Sorbetmasse mit 1–2 EL **Orangenlikör** abschmecken und abkühlen lassen, dann in einer Eismaschine gefrieren lassen. Das Sorbet bis zum Servieren im Tiefkühlgerät aufbewahren und erst kurze Zeit vor dem Anrichten herausnehmen und zum Temperieren in den Kühlschrank stellen.

Für den Birnenstrudel 1 Handvoll **Haselnussblättchen** grob hacken und in einer Pfanne ohne Fett goldbraun rösten, bis sie duften. Die Haselnüsse auf einem Teller beiseitestellen.

2 reife, aber nicht zu weiche **Birnen** schälen und vierteln, die Kernhäuser entfernen. Die Viertel in Würfel schneiden und in einer Pfanne in **Butter** und mit etwas **Zucker** braten, bis sie Farbe annehmen. Dann **Rosinen** nach Wunsch, den Saft von ½ **Zitrone** und die gerösteten Haselnussblättchen dazugeben. Die Birnenmischung noch 1 Min. unter Wenden weiterbraten.

Bitte umblättern →

3 Blätter **Strudelteig** (Kühlregal) nebeneinander ausbreiten und jeweils mit etwas zerlassener **Butter** bestreichen. Die Blätter übereinander auf ein sauberes Geschirrtuch legen. Die Birnenmasse gleichmäßig der Länge nach darauf verteilen, dabei an den Enden jeweils einen ca. 3 cm breiten Rand frei lassen. Den Strudel mithilfe des Tuchs vorsichtig einrollen. Die Enden zusammendrücken und den Strudel nochmals mit flüssiger Butter bestreichen.
Ca. 30 Min. vor dem Servieren den Birnenstrudel auf ein Backblech setzen, mit **Puderzucker** bestäuben und im vorgeheizten Backofen bei 180° in ca. 25 Min. goldbraun backen.
Für die karamellisierten Birnenspalten 1 **Birne** schälen und in Spalten schneiden, das Kernhaus dabei entfernen. Die Birnenspalten in aufschäumender **Butter** anbraten und mit etwas **Akazienhonig** beträufeln, dann das ausgekratzte Mark von ½ **Vanilleschote** dazugeben. Die Birnen mit 1 Schuss **Orangenlikör** ablöschen und kurz aufkochen. Die Birnen im Sud kalt stellen
Für die Vanille-Sahne 100 g **Sahne** halbsteif schlagen und kalt stellen. 2 **Eigelbe** in einer Metallschüssel mit dem ausgekratzten Mark von ½ **Vanilleschote**, 2 EL **Orangenlikör**, 1 EL **Zitronensaft** und 3 EL **Puderzucker** über einem heißen Wasserbad mit den Schneebesen des elektrischen Handrührers aufschlagen, bis die Masse andickt. Schüssel vom heißen auf ein kaltes Wasserbad umsetzen und weiterschlagen, bis die Masse Zimmertemperatur erreicht hat. Die halbsteif geschlagene Sahne unterrühren.
Zum Anrichten die Vanille-Sahne auf vier Teller verteilen. Den gebackenen Strudel mit einem Sägemesser schräg in vier Portionen schneiden, jeweils eine Portion mit einigen Birnenspalten auf die Sahne setzen. Einen Esslöffel in heißes Wasser tauchen und damit aus dem Sorbet Nocken formen. Die Nocken neben den Strudel setzen und das Dessert sofort servieren.

Den Strudel können Sie hervorragend auch schon am Vortag zubereiten und rollen, nur backen sollten Sie ihn wirklich erst kurz vor dem Servieren. Damit er nicht austrocknet, bewahren Sie ihn bis zum Backen am besten in einem luftdichten Behältnis im Kühlschrank auf.

Leopold

Leopold

Die Zeit in Frankreich und in Wien, sie war ebenso lehrreich wie prägend. Für mich lag es nun nahe, fortan selbst Küchenchef zu werden. Der Besitzer und Chef der Hamburger »Filmhauskneipe«, mit dem ich immer in Verbindung geblieben bin, eröffnete gegenüber dem Filmhaus ein neues Restaurant, das »Leopold« – mit mir als Küchenchef! Was war das für eine Aufgabe, eine Herausforderung und Verantwortung: Team zusammenstellen, Speisekarte entwickeln und schreiben, Einkauf aller Waren, also Gemüse und Früchte, Fisch und Fleisch, einfach die Dinge, die täglich frisch gebraucht wurden. Ich entwickelte den Anspruch, jeden Tag eine neue Speisekarte zu schreiben. Wie sollte es auch anders gehen? Gab es heute einen perfekten Steinbutt, so konnte das morgen schon nicht mehr der Fall sein. Es ging um das beste und frischeste Produkt, das Fleisch musste abgehangen und reif sein, die Früchte köstlich, duftend und voller Aroma. Wenn nicht, dann nicht! Es gab keine Kompromisse bei der Qualität. Die Karte wurde jeden Tag von Hand neu geschrieben, fotokopiert, meistens erst kurz bevor wir die Türen öffneten. Das Konzept gab mir Recht: Schon kurze Zeit nach der Eröffnung waren wir jeden Tag ausgebucht. Bis heute habe ich sämtliche handgeschriebene Speisekarten des »Leopolds«. Kostprobe gefällig? Bitte sehr!

Was war das für ein Gefühl – die ersten eigenen Menüs zu kreieren! Am Anfang waren sie recht einfach gehalten. Das Produkt und der Verkaufspreis standen im Vordergrund, aber es zählte dabei umso mehr: Geschmack pur!

Marinierter Lachs mit Kaviar auf Schnittlauchcreme

Dieses Gericht, das ebenso köstlich wie simpel ist, lebt von absolut frischen Zutaten. Achten Sie darauf, dass Sie Lachs in Sushi-Qualität bekommen.

Pro Person 1 TL **Crème fraîche** mit 1 TL **Crème double** verrühren. Die Mischung mit etwas **Salz**, **Pfeffer** und 2 Spritzern **Limettensaft** würzen und abschmecken. Zum Schluss pro Portion 1 EL feine **Schnittlauchröllchen** unterrühren.
½ Handvoll Friséesalat putzen, waschen und trockenschleudern. Aus 2 EL **Olivenöl** und 1 EL **Limettensaft** mit **Salz** und **Pfeffer** ein Dressing rühren. Ungefähr 40 g top-frisches **Lachsfilet** ohne Haut und Gräten in sehr dünne Scheiben schneiden.
Die Schnittlauchcreme dünn auf einem Teller verstreichen. Salat und Lachs auf der Schnittlauchcreme verteilen und mit dem Dressing beträufeln. 1 EL **Keta-Kaviar** über dem Salat und dem Fisch verteilen. Das Gericht mit Schnittlauch garnieren.

Kartoffelsuppe mit Kaisergranat

Ein einfaches und günstiges Gericht – bis die Kaisergranate ins Spiel kommen! Diese Schalentiere, auch Scampi genannt, gehören zur Familie der Hummer und für mich zum Leckersten, was das Meer zu bieten hat. Sie haben einen stolzen Preis und sind diesen auf jeden Fall wert. Der feine, nussige Geschmack, das feste Fleisch – himmlisch!

Je nach Größe 4–8 **Kaisergranate** aus dem Panzer brechen, den Rücken mittig leicht aufschneiden und den schwarzen Darm entfernen. Die Schalentiere kalt stellen.

Für vier Personen ca. 400 g mehligkochende **Kartoffeln** schälen und würfeln. Den hellen Teil von 1 Stange **Lauch** putzen, waschen und klein schneiden. Ca. 20 g geräucherten **Speck** würfeln. Alles in **Butter** anschwitzen. 700 ml **Gemüse- oder Geflügelbrühe** angießen und aufkochen. Alles so lange köcheln lassen, bis die Kartoffeln sehr weich sind, dann in ein Sieb gießen und dabei den Kochfond auffangen. Den Speck entfernen. Kartoffeln und Lauch mit einer Kartoffelpresse zermusen und zurück in den Topf geben. Den Kochfond und 1 Schuss **Sahne** dazugießen und alles unter Rühren aufkochen. Die Suppe mit einem Schneebesen glatt rühren und zum Schluss mit **Salz**, **Pfeffer**, **Muskat**, **Zitronensaft** und etwas fein geschnittenem **Liebstöckel** abschmecken.

Die Kaisergranate salzen, pfeffern und kurz in Butter braten, sie sollen in der Mitte leicht glasig bleiben. Dann die Kaisergranate in Suppenteller setzen, die heiße Kartoffelsuppe angießen und alles mit wenig fein geschnittenem Liebstöckel bestreuen.

Rotbarben haben den ganz besonderen Geschmack nach Jod und Meeresbrise. Wenn Sie frische Exemplare angeboten bekommen, egal ob bei Ihrem Fischhändler zuhause oder auf einem Fischmarkt in Südfrankreich, greifen Sie zu! Rotbarben aus der Tiefkühltruhe sind damit nicht vergleichbar.

Rotbarbe auf Speckkohl

Ich liebe die kleinen Felsen-Rotbarben.

Berechnen Sie für zwei Personen 2 kleine **Rotbarben** und lassen Sie sie von Ihrem Fischhändler schuppen und filetieren und die Fischkarkassen für die Sauce einpacken.
Für den Kohl 2 gehäutete **Tomaten** würfeln, mit **Salz**, **Pfeffer** und 1 Prise **Zucker** würzen und in ein Sieb geben, den Saft auffangen. 1 Handvoll **Rosenkohl** putzen und entblättern. Die Blätter in sprudelnd kochendem Salzwasser ca. 30 Sek. blanchieren, dann kalt abschrecken und abtropfen lassen.
Für die Sauce die Fischkarkassen mit 1 EL fein gewürfeltem **Speck** und 1 EL gewürfelter **Zwiebel** in **Olivenöl** kräftig anbraten. **Knoblauchzehe** und etwas **Rosmarin** zufügen. ½ Glas **Weißwein** und 1 Schuss **Noilly Prat** angießen und einkochen, dann alles mit reichlich **Wasser** bedecken. **Petersilie**, **Lorbeerblatt** und **Thymian** zufügen und den Fond auf die Hälfte einkochen. 1 Schuss **Sahne** und den aufgefangenen Tomatensaft dazugießen und alles aufkochen, dann durch ein Sieb passieren. Die Sauce schaumig mixen und mit **Salz** und **Pfeffer** abschmecken.
Ca. 10 Min. vor dem Servieren nochmals je 1 EL Zwiebel- und Speckwürfel in Butter anschwitzen. Die Sauce angießen und erwärmen. Die Rotbarbenfilets salzen und pfeffern. Die Filets in einer zweiten Pfanne in **Butter** auf der Hautseite in 2–3 Min. knusprig braten, dann wenden und aus der Pfanne nehmen. Rosenkohlblätter und Tomatenstücke in der Sauce erhitzen, vorsichtig umrühren und auf Teller verteilen. Die Rotbarbenfilets daraufsetzen.

Lamm mit Fenchel und Thymianjus

Lamm, Knoblauch und Thymian: eine Ménage-à-trois, die perfekt harmoniert! Und auch der Fenchel stört diese innige Verbindung kein bisschen – im Gegenteil!

Für zwei Personen 1 Knolle **Fenchel** putzen, waschen und in Spalten schneiden. Die Spalten in etwas **Olivenöl** anbraten, mit **Salz** und **Pfeffer** würzen und mit 1 Schuss **Anislikör** (Pernod) ablöschen. 1 **Schalotte** in Scheiben schneiden und zum Fenchel geben. Etwas **Wasser** angießen und alles zugedeckt weich dünsten. Kurz vor Ende der Garzeit 1 Handvoll **Kirschtomaten** dazugeben und mitschmoren. 2 EL **Taggiasca-Oliven** und 2 dünne Scheiben von 1 **Salzzitrone** mit in die Pfanne geben und leicht erwärmen.

Parallel dazu das Lamm und die Lammjus zubereiten. Dafür ungefähr 300–400 g **Lammrücken**, ohne Knochen und sauber pariert, mit **Salz** und **Pfeffer** würzen und in einer heißen Pfanne in Olivenöl anbraten. Ein paar Zweige **Thymian** und leicht angedrückte **Knoblauchzehen** zum Aromatisieren zufügen und das Lammfleisch rosa braten, dann aus der Pfanne nehmen und warm halten.

Den Bratansatz mit 150 ml **Lammfond** lösen, aufkochen und durch ein Sieb in einen kleinen Topf gießen. Gezupften und fein gehackten **Thymian** und 1 gepresste **Knoblauchzehe** in die Lammjus geben und alles kräftig durchkochen.

Den Lammrücken in Scheiben schneiden, den austretenden Fleischsaft zur Jus geben und aufkochen. Fleisch und Fenchel-Tomaten-Gemüse auf zwei Tellern anrichten und mit der heißen Jus übergießen. Dazu passt Kartoffelgratin.

Apfel-Tarte-Tatin

4 Äpfel (z. B. Cox oder Elstar) / 2 EL Zucker / 2 EL Honig / Zimtpulver / 2 EL Butter / 1 Handvoll Mandelstifte / 1 Handvoll Rosinen / 1 Päckchen Blätterteig (Kühlregal)

Die Äpfel schälen und vierteln. Die Kernhäuser entfernen. Jedes Viertel der Länge nach halbieren. Zucker, Honig, 1 Prise Zimt und die Butter in einer ofenfesten Pfanne (Ø 24 cm) auf dem Herd erhitzen, bis sich der Zucker hellbraun färbt.

Die Pfanne vom Herd ziehen, Mandelstifte und Rosinen einstreuen. Die Apfelspalten rosettenartig nebeneinander in die Pfanne setzen. Den Backofen auf 200° Umluft vorheizen.

Den Blätterteig auf einer leicht bemehlten Arbeitsfläche ausbreiten und so ausrollen, dass Sie einen Kreis, passend zu Ihrer Pfanne, ausschneiden können. Die Äpfel mit dem Blätterteigkreis abdecken.

Die Pfanne in den heißen Backofen (Mitte) schieben und die Tarte ca. 20 Min. backen, bis der Blätterteig eine schöne goldbraune Farbe angenommen hat. Die Apfel-Tarte-Tatin aus dem Ofen nehmen, etwas abkühlen lassen, aber unbedingt noch in sehr warmem Zustand stürzen. Dazu passt Vanille- oder Rumeis.

Die beiden Schwestern Tatin sollen diese geniale Tarte erfunden haben, die »kopfüber« gebacken wird: Anstelle eines Teigbodens besitzt die Tarte Tatin einen Deckel, der nach dem Backen durch eine rasche 180°-Drehung zum Boden wird. Auf diese Art bleiben die Früchte wunderbar saftig, während der Boden viel knuspriger als der herkömmlich gebackener Tartes wird.

Passierter Gorgonzola mit Feigen

Der kräftige Blauschimmelkäse harmoniert wunderbar mit der fein-fruchtigen Süße von Feigen und Cassis.

In einem Menü nimmt dieser kontrastvolle Käsegang den Platz vor einem Dessert oder anstelle eines Desserts ein. Servieren Sie dazu kräftigen Weiß- oder Rotwein, aber auch Süßweine wie ein weißer Sauternes oder ein roter Banyuls passen vorzüglich.

Berechnen Sie pro Person 50 g **Gorgonzola** und 1 TL weiche **Butter**, die miteinander gut vermischt und kaltgestellt werden. Außerdem pro Person 1 Schnapsglas **Cassislikör** mit etwas **Zitronensaft** sirupartig einkochen. Den Sirup leicht abkühlen lassen und lauwarm über je 1 halbierte **Feige** träufeln.
Zum Servieren die Butter-Käse-Mischung mit einer Kartoffelpresse direkt auf einen Teller drücken und die marinierte Feige danebensetzen. Dazu geröstetes **Nussbrot** reichen.

20
MICHELI
Tafelhaus
MICHELIN

Tafelhaus

Tafelhaus

Nach anderthalb Jahren im legendären »Leopold«, die wie im Flug vergingen, schien es mir an der Zeit, mein eigenes Restaurant zu eröffnen: das »Tafelhaus«. Alles war neu, alles war auf eigenes Risiko und eigene Kosten, ohne Netz und doppelten Boden. Niemand leitete mich an, für alles war ich selbst verantwortlich. Ich hatte nur meine bisherigen Erfahrungen, hatte meinen eigenen Kopf mit eigenen neuen Ideen und die tollen Erinnerungen: die Gerüche der Kindheit, die Gewürze und der Duft des Exotischen während meiner Studentenzeit, der fast schon sklavische Produktfanatismus in Frankreich mit seiner Nouvelle Cuisine, das klassische Handwerk in Österreich. Und nicht zuletzt die Erfahrungen als Küchenchef des »Leopold«. Mir ging es um den puren Geschmack, nichts sollte ablenken von meinem Angebot. Auf keinen Fall ein Schicki-Laden werden, keine Luxusabteilung der oberen Zehntausend – also ab in ein Industriegebiet! Die direkten Nachbarn waren drei Friedhöfe und ein Autobahnzubringer. Ultrakleine Speisekarte, jeden Tag selbst einkaufen, beste Qualität zu fairen Preisen, das war mein Rezept für wirtschaftlichen Erfolg. Auf der Bühne, sprich im Restaurant: Geschmack pur – auf dem Teller und im Glas. Backstage, sprich im Hintergrund: klare Kalkulationen und sichere Zahlen für die Wirtschaftlichkeit. Das war meine Essenz des bisherigen Lebens, auf die ich meine Zukunft baute. Und dabei ging es immer nur um den Geschmack pur. Mein Salz in der Suppe.

Für alles verantwortlich sein, ob Miete und Steuern, Versicherungen und Investitionen, Ausstattung und Mitarbeiter, Einkauf und Qualität, Angebot und Nachfrage: Das ist Geschmack pur! Bild unten: Tafelhaus nach dem Umzug an die Elbe

Das Feinste vom Lamm

... das sind für mich neben Rücken und Filets die Teile, die beinahe in Vergessenheit geraten sind: Innereien wie Nierchen, Leber und Bries. Metzger bieten diese Teile kaum mehr an. Doch wenn Sie welche bekommen können, greifen Sie zu! Es ist ganz einfach, sie zuzubereiten.

Servieren Sie die Lammteile auf Artischockensalat: Verwenden Sie dafür 1 große **Artischocke** pro Person. Zunächst Stiel, äußere Blätter und die harten, holzigen Stellen von der Blüte mit einem Messer entfernen. Die übrig gebliebenen zarteren Blätter ca. 2 cm über dem Artischockenboden abschneiden. In einem großen Topf reichlich Salzwasser mit dem Saft von ½ Zitrone aufkochen. Die Artischockenböden darin in 20–25 Min. al dente kochen, dann aus dem Wasser heben, kurz abkühlen lassen und vierteln. Das Heu in der Mitte mit einem Kugelausstecher entfernen. Die Artischockenviertel in Spalten schneiden und in einer breiten Pfanne in etwas **Olivenöl** unter gelegentlichem Wenden in ca. 3 Min. goldbraun braten, dabei nach 2 Min. pro Portion 1 in Scheiben geschnittene **Knoblauchzehe** und 1 Spritzer **Zitronensaft** dazugeben. Zum Schluss ein paar Blättchen **Thymian** und fein gehackte **Petersilie** darüberstreuen und alles mit **Salz** und **Pfeffer** würzen.
Parallel dazu pro Person 1 **Spitzpaprika** der Länge nach vierteln und putzen. Die Viertel in einer Schüssel mit 1 Schuss Olivenöl mischen, dann auf einem mit Backpapier ausgelegten Backblech verteilen. Die Paprikastücke salzen, pfeffern und bei 180° Umluft im Ofen (Mitte) ca. 10 Min. backen. Dann pro Person ½ Handvoll **Kirschtomaten** und etwas gehackten **Knoblauch** zufügen und alles weitere 10 Min. im Ofen backen.

Bitte umblättern →

Inzwischen für eine Vinaigrette für vier Personen 1 **Schalotte** sehr fein würfeln und mit heißem Wasser abbrausen – das mildert den rohen Zwiebelgeschmack. Schalottenwürfelchen mit 4 EL **Aceto balsamico**, 1 TL **Senf**, Salz, Pfeffer und 1 Prise **Zucker** verrühren. Zum Schluss 6 EL **Olivenöl** unterrühren.
Die gebackene Paprikamischung aus dem Ofen nehmen und beiseitestellen. Nach Belieben die Paprikastücke häuten.
Beim Lamm berechnen Sie pro Person 75–100 g **Lammkotelett und/oder Lammfilet** und ebenso viel an **Innereien.** Die Innereien kalt abbrausen und trocken tupfen. Nierchen der Länge nach halbieren und in mundgerechte Stücke schneiden. Bries ebenfalls in mundgerechte Stücke schneiden. Alle Lammteile mit Salz und Pfeffer würzen und in einer breiten Pfanne in Olivenöl braten, für zusätzliches Aroma angedrückte **Knoblauchzehen** und etwas **Rosmarin** dazugeben. Fleisch und Innereien sollen rosa und saftig bleiben, nur das Bries darf einen Tick länger braten.
Nach dem Braten die Lammteile auf einem Teller 5 Min. zugedeckt beiseitestellen. Den Bratsatz großzügig mit **Lammfond** ablöschen. Alles einmal aufkochen, dann durch ein Sieb passieren.
Paprikastücke, Kirschtomaten und Artischocken auf Teller verteilen und mit der Vinaigrette anmachen. Wer mag, mischt zusätzlich noch geputzten und gezupften **Friséesalat** unter das Gemüse. Das verstärkt den Salatcharakter des Gerichts und macht den Artischockensalat noch frischer und knackiger. Die Lammteile auf den Salat setzen und mit dem Fond aus der Pfanne nappieren.

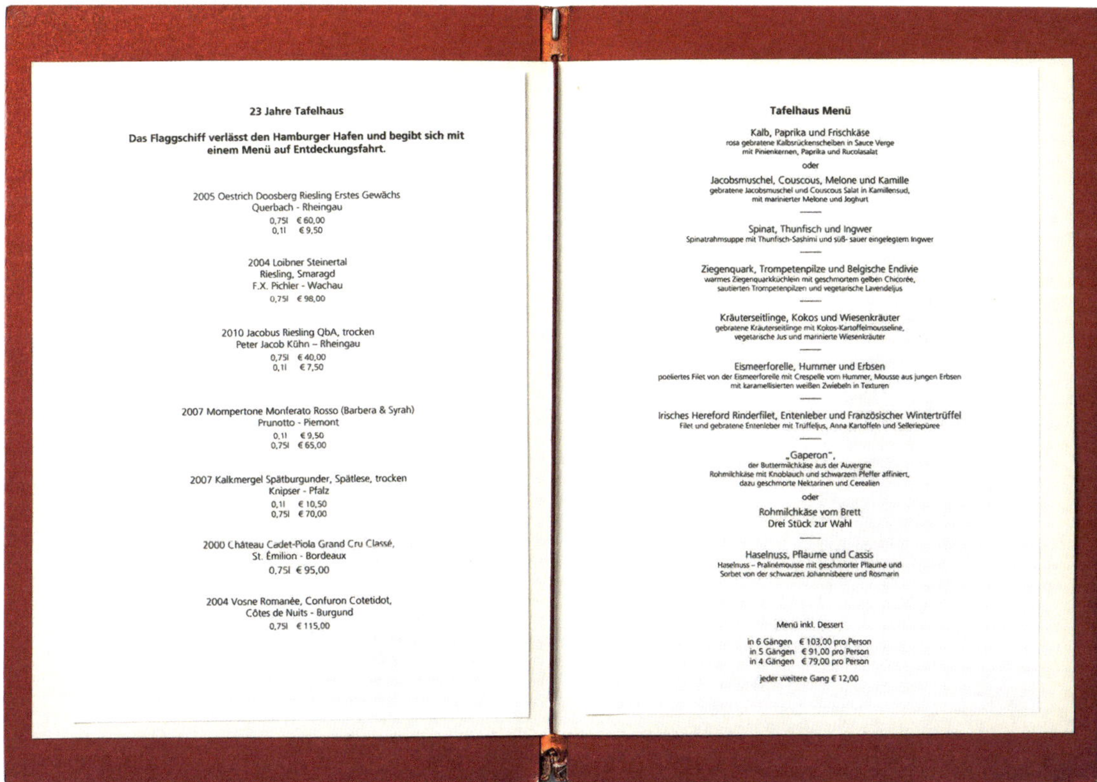
23 Jahre Tafelhaus
Das Flaggschiff verlässt den Hamburger Hafen und begibt sich mit einem Menü auf Entdeckungsfahrt.
2005 Oestrich Doosberg Riesling Erstes Gewächs
Querbach - Rheingau
0,75l € 60,00
0,1l € 9,50
2004 Loibner Steinertal
Riesling, Smaragd
F.X. Pichler - Wachau
0,75l € 98,00
2010 Jacobus Riesling QbA, trocken
Peter Jacob Kühn – Rheingau
0,75l € 40,00
0,1l € 7,50
2007 Mompertone Monferato Rosso (Barbera & Syrah)
Prunotto - Piemont
0,1l € 9,50
0,75l € 65,00
2007 Kalkmergel Spätburgunder, Spätlese, trocken
Knipser - Pfalz
0,1l € 10,50
0,75l € 70,00
2000 Château Cadet-Piola Grand Cru Classé,
St. Émilion - Bordeaux
0,75l € 95,00
2004 Vosne Romanée, Confuron Cotetidot,
Côtes de Nuits - Burgund
0,75l € 115,00
Tafelhaus Menü
Kalb, Paprika und Frischkäse
rosa gebratene Kalbsrückenscheiben in Sauce Verge
mit Pinienkernen, Paprika und Rucolasalat
oder
Jacobsmuschel, Couscous, Melone und Kamille
gebratene Jacobsmuschel und Couscous Salat in Kamillensud,
mit marinierter Melone und Joghurt
Spinat, Thunfisch und Ingwer
Spinatrahmsuppe mit Thunfisch-Sashimi und süß- sauer eingelegtem Ingwer
Ziegenquark, Trompetenpilze und Belgische Endivie
warmes Ziegenquarkküchlein mit geschmortem gelben Chicorée,
sautierten Trompetenpilzen und vegetarische Lavendeljus
Kräuterseitlinge, Kokos und Wiesenkräuter
gebratene Kräuterseitlinge mit Kokos-Kartoffelmousseline,
vegetarische Jus und marinierte Wiesenkräuter
Eismeerforelle, Hummer und Erbsen
poeliertes Filet von der Eismeerforelle mit Crespelle vom Hummer, Mousse aus jungen Erbsen
mit karamellisierten weißen Zwiebeln in Texturen
Irisches Hereford Rinderfilet, Entenleber und Französischer Wintertrüffel
Filet und gebratene Entenleber mit Trüffeljus, Anna Kartoffeln und Selleriepüree
„Gaperon",
der Buttermilchkäse aus der Auvergne
Rohmilchkäse mit Knoblauch und schwarzem Pfeffer affiniert,
dazu geschmorte Nektarinen und Cerealien
oder
Rohmilchkäse vom Brett
Drei Stück zur Wahl
Haselnuss, Pflaume und Cassis
Haselnuss – Pralinémousse mit geschmorter Pflaume und
Sorbet von der schwarzen Johannisbeere und Rosmarin
Menü inkl. Dessert
in 6 Gängen € 103,00 pro Person
in 5 Gängen € 91,00 pro Person
in 4 Gängen € 79,00 pro Person
jeder weitere Gang € 12,00

Kürbissuppe mit Jakobsmuschel und Kernöl

Inzwischen ist Kürbissuppe wahrlich keine Besonderheit mehr – man findet sie quer durch die Republik in den Töpfen von Restaurant- und Hobbyköchen. Doch in Kombination mit dem süßlichen, feinen Fleisch der Jakobsmuscheln ist sie doch wieder etwas für Festtage!

Für vier Personen 1 kleinen **Hokkaidokürbis** waschen, putzen und vierteln. Die Kerne entfernen. Kürbis mit der Schale würfeln.
2 gewürfelte **Schalotten** und 1 gehackte **Knoblauchzehe** in einem Suppentopf in **Butter** farblos anschwitzen. Die Kürbisstücke zufügen und mit **Paprikapulver** bestäuben. So viel **Gemüsebrühe** dazugießen, dass die Stücke bedeckt sind. Alles aufkochen und den Kürbis bei kleiner Hitze zugedeckt weich kochen. Dann 1 Becher **Sahne** angießen und alles weitere 2–3 Min. köcheln lassen. Zum Schluss 1 Schuss **Kürbiskernöl** einrühren. Die Suppe pürieren und mit **Salz**, **Pfeffer** und **Zitronensaft** abschmecken. Wer sie ganz homogen haben will, passiert sie noch durch ein Spitzsieb.
Kurz vor dem Servieren 4 **Jakobsmuscheln** in **Olivenöl** scharf anbraten. Die Muscheln sollen Farbe annehmen, aber innen noch glasig sein. Die Kürbissuppe erneut zum Kochen bringen, mit etwas kalter Butter aufmixen und auf vier Suppentassen oder -schalen verteilen. Jeweils 1 gebratene Jakobsmuschel hineingeben. Geröstete **Kürbiskerne** und gehackte **Petersilie** darüberstreuen und noch etwas Kürbiskernöl über die Suppe träufeln.

Gegrillter Steinbutt mit Spargel

... und köstlicher Orangen-Hollandaise – das war der Frühlingsstar auf der Speisekarte!

Pro Person je 4–6 Stangen **weißen und grünen Spargel** schälen, beim grünen Spargel nur das untere Drittel. Die holzigen Enden entfernen. Die weißen Stangen in **Butter** und **Olivenöl** andünsten, mit **Salz** und **Pfeffer** würzen und mit wenig **Wasser** ablöschen. Zugedeckt in ca. 10 Min. garziehen lassen, dabei einmal wenden. Den grünen Spargel in Olivenöl ca. 8 Min. braten. Den gegarten weißen Spargel aus dem Sud nehmen und noch 2 Min. mitbraten. Ein paar halbierte **Kirschtomaten** dazulegen und alles zugedeckt warmhalten. Den Spargelsud für die Hollandaise beiseitestellen.
Für vier Portionen Orangen-Hollandaise brauchen Sie Saft und abgeriebene Schale von 1 **Bio-Orange**. Den Saft mit dem Spargelsud und etwas **Currypulver** mischen und auf ca. 70 ml einkochen. **2 Eigelbe** in eine Metallschüssel geben. Die heiße Saftmischung unter ständigem Schlagen dazugießen. Dann die Masse über einem heißen Wasserbad zu einer schaumigen Hollandaise aufschlagen. Parallel dazu 100 g **Butter** schmelzen. Die Hollandaise vom Wasserbad nehmen. Langsam und unter ständigem Schlagen die geschmolzene Butter zufügen und in die Hollandaise einarbeiten. Ein paar Blättchen **Basilikum** fein schneiden und unterheben.
Pro Portion ca. 130 g **Steinbuttfilet** kalt abbrausen, trocken tupfen und salzen und pfeffern. Steinbutt in einer Pfanne in etwas Butter braten, bis der Fisch gar, aber innen noch leicht glasig ist. Die Filets mit Spargel, Tomaten und Hollandaise anrichten.

Zweierlei vom Reh mit Fliederbeersauce

Dieses Gericht gehörte zu den Klassikern im »Tafelhaus«.

Die Kombination von einem in Rotwein geschmorten Stück Schulter mit seiner kräftigen Sauce und dem butterzarten, mageren Rückenfleisch fällt für mich in den Bereich der großen Kochkunst.
Für sechs Personen 1 **Rehrücken** sorgfältig vom Knochen lösen, sauber parieren und zugedeckt kaltstellen.
Für eine aromatische Rehbrühe den Rückenknochen mit einem schweren Messer zerkleinern oder mit den Händen in der Mitte durchbrechen. Knochen und Parüren in einem großen Topf mit **Wasser** bedecken. **Salz**, **Lorbeerblätter**, 1 **Nelke,** einige **Pfefferkörner** und **Wacholderbeeren** zufügen. Alles zum Kochen bringen und 1 Std. leise köcheln lassen.
1 **Rehschulter** (mit Knochen) mit Salz und **Pfeffer** würzen und in einem Bräter mit Deckel in etwas **Butterschmalz** von allen Seiten kräftig anbraten, dann herausheben. ½ Stange **Lauch**, 2 **Möhren**, 1 Stück **Sellerie** und 2 **Zwiebeln** putzen, waschen bzw. schälen und grob würfeln. Das Gemüse im Bräter mit etwas **Tomatenmark** und **Zucker** anrösten und mit wenig **Mehl** bestäuben. Die Rehschulter zurück in den Bräter geben. 1 Flasche trockenen **Rotwein** angießen, aufkochen und alles 15 Min. leise köcheln lassen. Die Rehbrühe durch ein Sieb passieren und so viel zur Schulter gießen, dass diese gerade bedeckt ist. Das Fleisch zugedeckt im vorgeheizten Backofen (Mitte) bei 160° 2–3 Std. schmoren, bis das Fleisch weich und zart ist und sich leicht von den Knochen lösen lässt.

Bitte umblättern →

Dann die geschmorte Rehschulter aus dem Bräter nehmen und warm halten. Den Schmorfond durch ein feines Sieb passieren und mit 150 ml **Fliederbeersaft** (Holundersaft) und 1 Spritzer **Aceto balsamico** zur gewünschten Konsistenz einkochen. Die Sauce mit Salz, Pfeffer und **Zucker** abschmecken.
Kurz vor dem Anrichten das ausgelöste Rückenfleisch mit einem scharfen Messer in ca. 4 cm dicke Medaillons schneiden und diese mit Salz und Pfeffer würzen.
Etwas Butter in einer Pfanne erhitzen. Die Rehmedaillons darin anbraten. Ein paar im Mörser zerstoßene **Wacholderbeeren** und **Lorbeerblätter** zufügen. Das Fleisch 5–8 Min. rundherum braten, bis es innen rosa ist. Achten Sie darauf, dass Sie das Fleisch nicht zu scharf anbraten, sondern bei mittlerer Hitze, sodass die Medaillons langsam Farbe annehmen. Die Temperatur darf aber auch nicht zu niedrig sein, ansonsten würde das Fleisch Saft ziehen und dünsten. Es bedarf ein wenig Fingerspitzengefühl – und genau darum geht es ja beim Kochen!
Die geschmorte Rehschulter vom Knochen lösen und in Portionen schneiden. Die Stücke zum Schluss nochmals in der Pfanne mit den Medaillons erwärmen, dann mit der Sauce, den Rehmedaillons und einem Selleriepüree (siehe rechte Seite) anrichten.
Wenn Sie das Glück haben, an schöne, frische **Steinpilze** zu gelangen, so greifen Sie zu! Die geputzten Pilze vierteln, kurz in Butter braten, mit Salz und Pfeffer, etwas **Knoblauch** und **Petersilie** würzen und mitanrichten – herrlich!

Für ein Selleriepüree 1 große gewürfelte Sellerieknolle in einem Topf zur Hälfte mit Gemüsebrühe bedecken und zugedeckt sehr weich kochen, dann die Brühe abgießen und stark einkochen. Sahne, etwas Butter und die eingekochte Brühe zum Sellerie geben und aufkochen, dann alles pürieren. Das Püree mit Salz, Pfeffer, Muskat und Zitronensaft abschmecken.

Kleine Ananastartes mit Ingwereis

Eines meiner Lieblingsdesserts

Zunächst für das Ingwereis 1 **Chilischote** längs halbieren. Stiel, Kerne und weiße Innenhäute entfernen. Die Chilihälften sehr fein würfeln. 2 EL **Zucker** in einem Topf erhitzen, die Chiliwürfel zufügen und alles so lange erhitzen, bis der Zucker eine goldbraune Farbe angenommen hat. Die karamellisierten Chilistückchen auf einen Bogen Backpapier geben und abkühlen lassen.
250 ml **Milch** mit 250 g **Sahne** und 50 g **Zucker** in einem Topf zum Kochen bringen. 5 **Eigelbe** in einer großen Metallschüssel mit einem Schneebesen leicht schlagen. Sobald die Milch kocht, die heiße Flüssigkeit langsam und unter ständigem Rühren zu den Eigelben gießen. Alles zurück in den Topf geben und 30 g frisch geriebenen **Ingwer** und die fein abgeriebene Schale von 2 **Bio-Limetten** dazugeben. Die Eismasse bei mittlerer Hitze »zur Rose abziehen«. Dafür wird die Masse so lange vorsichtig und unter ständigem Rühren mit einem Holzlöffel auf 75–80° erhitzt, bis sie leicht andickt. Eismasse dann sofort in eine Schüssel umgießen.
2 EL **Rum** unterrühren und alles abkühlen lassen. Direkt vor dem Gefrieren die karamellisierten Chiliwürfelchen zufügen, dann die Eismasse in einer Eismaschine gefrieren lassen.
Für 8 kleine Tartes aus 150 g **Mehl**, 75 g weicher **Butter**, 1 Prise **Salz**, 30 g feinem **Zucker** und 1 **Ei** rasch einen Teig kneten. Den Teig zu einer Kugel formen, in Frischhaltefolie schlagen und im Kühlschrank 30 Min. ruhen lassen.

Bitte umblättern →

Währenddessen ca. 300 g **Ananasfruchtfleisch** in dünne Scheiben schneiden und mit der abgeriebenen Schale von 1 **Bio-Limette**, 2 EL **braunem Zucker** und 2 EL **Kokosraspeln** vermengen.
Den Backofen auf 180° vorheizen. Die Tarteförmchen gut buttern. Den Mürbeteig nach der Ruhezeit auf einer bemehlten Arbeitsfläche dünn ausrollen und entsprechend der Förmchengröße ausstechen oder ausschneiden. Die Tartesförmchen mit dem Mürbeteig auskleiden und den Teig leicht andrücken.
Die Ananasscheiben rosettenartig in den Tarteförmchen verteilen und mit **Butter** in kleinen Flöckchen belegen. Die kleinen Ananastartes nebeneinander auf ein Backblech setzen und im heißen Ofen (unterste Schiene) insgesamt ca. 25 Min. backen.
Parallel dazu in einem kleinen Topf 2 EL braunen Zucker mit etwas Butter erhitzen. Die Mischung mit 50 g **Sahne** und 1 Schnapsglas **Rum** ablöschen und einmal aufkochen. Die Tartes nach 15 Min. Backzeit damit bestreichen, dann die Törtchen noch 10 Min. im heißen Ofen weiterbacken.
Die fertigen Tartes aus dem Ofen nehmen, kurz abkühlen lassen und aus den Förmchen heben. Die warmen Tartes mit dem Ingwereis anrichten und nach Belieben noch mit Minzeblättchen und fein abgeriebener Limettenschale garnieren.

Ananas, Kokos und Rum – eine tolle Kombination, die schon seit den 50er Jahren in der Piña Colada gefeiert wird. Weniger alkoholisch, aber genauso gut sind diese knusprigen Törtchen, die Sie nach Belieben in kleinen runden (Ø ca. 10 cm) oder ovalen Portionsförmchen backen können.

Rosmarin-Brioche mit Birnenmus

... und würzigem Fourme d'Ambert!

Für die Brioche 350 g **Mehl**, 30 g **Zucker** und 1 Prise **Salz** mit den Knethaken des Handrührgeräts mischen. ½ Würfel frische **Hefe** in 50 ml lauwarmer **Milch** auflösen und unterkneten. 3–4 **Eier** einarbeiten, 175 g weiche **Butter** in Flöckchen zufügen. Sobald er elastisch und homogen ist, den Teig abgedeckt 40 Min. an einem warmen Ort gehen lassen, bis sich sein Volumen verdoppelt hat.
2 gewürfelte **Birnen** mit je 1 Prise **Zimtpulver** und **Kardamom** in einen Topf geben. 1 Schuss **Weißwein** und so viel **Birnensaft** angießen, dass die Birnen zur Hälfte bedeckt sind. Birnen zugedeckt weich garen, dann pürieren und mit **Zitronensaft** abschmecken.
Fein gehackte **Rosmarinnadeln** in **Butter** mit 1 Prise **Zucker** braten, dann unter den gegangenen Briocheteig kneten. Den Teig auf bemehlter Arbeitsfläche zu einer Rolle formen, in sechs Portionen teilen und diese zu Kugeln formen. Die Kugeln in eine gebutterte Kastenform (25 × 10 cm) setzen. 1 **Eigelb** mit 1 EL **Wasser** verrühren und damit die Kugeln bestreichen. Kugeln zugedeckt 30 Min. gehen lassen, dann im vorgeheizten Ofen bei 180° (2. Schiene von unten) in ca. 35 Min. goldbraun backen. Brioche aus dem Ofen nehmen und etwas abkühlen lassen, vorsichtig aus der Form stürzen und auf einem Gitter auskühlen lassen.
Zum Garnieren **Rosmarinspitzen** mit **Honig** karamellisieren.
Mit 1 Stück **Fourme d'Ambert** (ca. 40 g) sowie **Birnenmus** auf Tellern anrichten, dazu frisch getoastete Brioche-Scheiben reichen.

Was den Schwaben ihr Hefezopf, ist den Franzosen eine Brioche. Ich möchte nicht in Klischees abdriften, aber man darf es ruhig sagen, wie es ist: Das schwäbische Hefegebäck ist im Vergleich zum französischen sparsamer. Bei der Brioche kommen auf 100 g Mehl 1 Ei und 50 g Butter – das kann nur fantastisch schmecken!

Zuhause

Zuhause

Nach mehr als 27 Jahren mit durchschnittlich vielleicht 80 Stunden Arbeit in der Woche – wobei ich meine Tätigkeit nie als Arbeit im physikalischen Sinne verstanden habe, es war Leidenschaft pur, sonst wäre es auch nicht auszuhalten gewesen – ist es heute das größte Geschenk, mir all dieser Geschmackserlebnisse bewusst zu sein. Und ich bin ganz ehrlich: Nach wie vor kann ich nie genug davon bekommen.

Kochen zuhause muss nicht aufwändig und kompliziert sein. Nein, es kommt nur auf die Zutaten an! Sind sie rein und ursprünglich, reif geerntet und richtig behandelt, dann braucht es nicht mehr viel Veränderung. Es zählt nur der Geschmack.

Bei uns steht Gemüse im Mittelpunkt, ab und zu bester Fisch, wenig Fleisch, wunderbare Öle und wissen Sie was? Wir vermissen nichts! Im Hause Rach gibt es keine Fertigprodukte, keine Geschmacksverstärker, alles ist Handarbeit und wird jeden Tag frisch zubereitet. Eben Geschmack pur!

Alles kann, nichts muss! Beste Produkte, viel Gemüse, wenig Fleisch: So stellt sich der pure Geschmack heute dar. Essen sollte immer Lust und Zufriedenheit bescheren, fantasievoll und kreativ sein.

Japanischer Gemüse-eintopf mit Miso

Asiatisch angehauchte Zubereitungen lieben wir zuhause. Ingwer, Knoblauch, Chili, Misopaste und Sojasauce – mit diesen Zutaten weisen Sie Ihrem Gericht die Richtung.

Berechnen Sie für diesen Eintopf pro Person 200 g **Gemüse der Saison**. Was bei uns nie fehlen darf sind Möhren und Frühlingszwiebeln, aber auch Spargel, Rettich, grüne Bohnen, Brokkoli, Kohlrabi, Shiitakepilze oder Champignons, Pak Choi, Wirsing oder Lauch machen sich wunderbar. Das gesamte Gemüse putzen und waschen bzw. schälen und in feine Streifen oder Stücke schneiden. Ca. 400 ml **Gemüsebrühe** pro Person zum Kochen bringen. Das vorbereitete Gemüse darin nacheinander hineingeben und leise köchelnd knackig garen, jeweils herausheben und beiseitestellen. Die Pilze 1 Min. garen. Außerdem für jeden 1 **Bio-Ei** in ca. 6 Min. wachsweich kochen. Und pro Person 50 g **Soba-Nudeln** nach Packungsangabe kochen und in Suppenschalen verteilen.
Fein geriebenen **Ingwer**, gehackten **Knoblauch** und in Ringe geschnittene **Chilischote** – die jeweilige Menge ist ganz von Ihrem Geschmack abhängig – in die Brühe geben. Brühe aufkochen und 1 Min. kochen lassen. Die Hitze verringern und pro Person 1 EL **Misopaste** einrühren. Die Brühe soll jetzt nicht mehr kochen. Die Misosuppe mit **Sojasauce** abschmecken und das gesamte Gemüse zurück in den Topf geben. Alles erwärmen und zu den Nudeln in die Suppenschalen geben. Die Eier pellen, halbieren und in die Schalen verteilen. 1 kleines Stück **Nori-Algenblatt** mit einer Schere in feine Streifen schneiden und über den Eintopf streuen.

Ofengemüse mit Pesto

Sommergenuss mit Kräuterkick –
intensiv und aromatisch!

Planen Sie pro Person 400–500 g **Gemüse der Saison**, dazu ein paar **Pilze** ein, im Sommer z. B. Aubergine, Zucchini, Paprika, Fenchel und Champignons. Alles putzen, waschen und in mundgerechte Stücke oder Scheiben schneiden und mit **Salz**, **Pfeffer** und **Olivenöl** mischen, dann in einer ofenfesten Form oder auf ein oder zwei mit Backpapier belegte Bleche verteilen. Achten Sie darauf, dass die Stücke nebeneinander liegen, nur so können sie gleichmäßig backen und Röstaromen entwickeln. Sommergemüse ca. 30 Min. im Ofen (Mitte) bei 180° backen. (Wintergemüse wie Möhren oder Rote Bete brauchen etwas länger). Nach 20 Min.
1 Handvoll **Kirschtomaten, Lorbeerblätter**, angedrückte **Knoblauchzehen** und ein paar Zweige **Rosmarin oder Thymian** dazulegen. Wird das Gemüse zu dunkel, die Ofenhitze reduzieren.
Für das Pesto 2 Handvoll geschälte **Mandeln** grob hacken und ohne Fett rösten, dann abkühlen lassen. Die Blättchen von 1 Bund **Petersilie**, ½ Bund **Basilikum** und ein paar Stängeln **Minze** grob hacken und mit gewürfeltem **Knoblauch**, ca. 50 g geriebenem **Parmesan**, Saft und abgeriebener Schale von ½ **Bio-Zitrone** und ca. 70 ml **Olivenöl** im Mixer oder mit einem Pürierstab zu einer schönen Paste pürieren. Falls nötig, noch Olivenöl dazugeben. Das Pesto mit Salz, Pfeffer und Zitronensaft abschmecken.
Das gebackene Gemüse aus dem Ofen nehmen, mit Petersilien-Mandel-Pesto beträufeln und auf dem Blech servieren.

Was für ein Fest, wenn die Marktstände im Sommer frisches Gemüse in Hülle und Fülle anbieten! Die Zubereitungsart im Backofen intensiviert noch den Eigengeschmack von Aubergine, Zucchini, Paprika und Fenchel. Für das letzte Drittel der Garzeit gebe ich noch Tomaten hinzu – durch ihren hohen Wasseranteil bringen sie Saftigkeit und Frische ins Spiel.

Linguine mit wilden Garnelen

Ein Gericht, das wir lieben!

Für vier Personen verwende ich 12 rohe, wild gefangene **Garnelen**. Zuerst den Kopf der Garnelen abtrennen und den Panzer entfernen. Die Karkassen beiseitestellen. Den dunklen Darm an der Rückenseite entfernen. Die Garnelenschwänze zugedeckt kühl stellen. 2 **Zwiebeln**, 2 **Knoblauchzehen** und 500 g **Tomaten** in grobe Stücke schneiden. In einem großen Bräter die Garnelenkarkassen in **Olivenöl** scharf anbraten, Zwiebel und Knoblauch mitrösten. Dann **Tomatenmark** und die Tomaten einrühren. Alles mit etwas **Zucker** bestreuen. 1 Dose **geschälte Tomaten** samt Saft dazugeben. Alles mit **Salz**, **Pfeffer**, **Chiliflocken**, 1 Zweig **Rosmarin** und 1 TL **getrocknetem Oregano** würzen. Die leere Tomatendose mit **Wasser** füllen und dies ebenfalls in den Bräter gießen. Die Sauce mindestens ½ Std. offen köcheln lassen, dabei mehrfach umrühren und darauf achten, dass nichts am Topfboden ansetzt. Die Sauce zum Schluss durch ein Spitzsieb passieren, mit **Salz**, **Pfeffer** und **Zitronensaft** abschmecken und warm halten.
Für vier Personen 400–500 g **Linguine** nach Packungsangabe in reichlich Salzwasser al dente kochen und in die warme Sauce geben. In einer schweren Bratpfanne etwas Olivenöl erhitzen. Zerdrückte Knoblauchzehen und je 1 Zweig Rosmarin und **Thymian** dazugeben. Garnelen mit Salz und Pfeffer würzen und 1–2 Min. braten, sie dürfen in der Mitte noch leicht glasig sein. Garnelen mit Zitronensaft beträufeln und unter die Nudeln mischen.

Bei Schalentieren herrscht oft Verwirrung: Wo liegt der Unterschied? Shrimps und Prawns sind englische Bezeichnungen für Garnelen. Scampi sind die mit dem Hummer verwandten Kaisergranate. Echte Krabben sind groß und gehören zu den Krebsen. Bei den kleinen Nordseekrabben handelt es sich um eine Garnelenart, in diesem Fall um eine sehr köstliche.

ZARA HOME

Wolfsbarsch aus dem Ofen

Ein wild gefangener Wolfsbarsch bringt 1,2 bis stolze 2 kg auf die Waage und hat ein wunderbar aromatisches und festes Fleisch. Der Zusatz »en ligne« bedeutet, dass der Barsch geangelt und nicht im Schleppnetz gefangen wurde, was sowohl ein Gütesiegel als auch ein Hinweis auf bestandschützende Fischerei ist.

1 **Wolfsbarsch** von ca. 1,5 kg reicht für vier bis sechs Personen. Lassen Sie den Fisch vom Händler ausnehmen und schuppen. 500 g festkochende **Kartoffeln** fast gar kochen und pellen. Inzwischen 2–3 **Zucchini** in mundgerechte Stücke schneiden. Den Wolfsbarsch kalt abbrausen, trocken tupfen und mit **Salz** und **Pfeffer** würzen. 2 kleine gekochte Kartoffeln und 1 angedrückte **Knoblauchzehe** in den Bauchraum legen. Wolfsbarsch auf ein mit Backpapier belegtes Backblech setzen und mit **Olivenöl** beträufeln. Zucchini, Kartoffeln und 1 Handvoll **Kirschtomaten** mit Olivenöl mischen, salzen und pfeffern und auf dem Blech verteilen. Alles mit **Zitronensaft** begießen und im vorgeheizten Ofen bei 180° 30–35 Min. garen, dabei nach der Hälfte der Backzeit fein gehackten **Rosmarin**, **Thymian** und **Knoblauch** mit Olivenöl verrühren und über Fisch und Gemüse träufeln. Ob der Fisch gar ist, erkennen Sie, wenn sich das obere Filet mit einem Messer leicht von den Gräten abheben lässt. Haftet das Fischfleisch noch fest an den Gräten, schieben Sie das Blech einfach wieder in den Ofen und versuchen Sie es nach 5 Min. erneut. Bei uns kommt der Fisch mit dem Gemüse auf dem Blech auf den Tisch und wird dann filetiert.

Aromatisieren Sie die Sauce nach Lust und Laune. Ich füge gern Lorbeer und Oliven hinzu, was dem Gericht eine mediterrane Note verleiht. Aber es passt einiges zum anpassungsfähigen Huhn: Mit Apfelspalten schwelgen wir in der Normandie, mit Champignons und Speckstreifen im Elsass und mit gehäuteten Paprika, Knoblauch und Piment d´Espelette im Baskenland.

Hühnerkeulen mit gebratenem Spargel

Das Schönste an diesem Gericht ist die Sauce!

Berechnen Sie 1 **Hähnchenschenkel** und 1 in Streifen geschnittene **Zwiebel** für jeden. Die Schenkel mit **Salz** und **Pfeffer** würzen und in einem Bräter in **Butterschmalz** anbraten. Herausnehmen und die Zwiebelstreifen im Bräter farblos anschwitzen.
Die Hähnchenschenkel mit der Hautseite nach oben auflegen.
Mit 1 Glas **Weißwein** (am besten mit dem Wein, den Sie zu diesem Essen trinken möchten) ablöschen. Die Flüssigkeit aufkochen und **Lorbeerblätter** dazugeben. Noch etwas **Brühe** angießen, das untere Drittel der Schenkel soll in der Flüssigkeit liegen.
Die Hähnchenschenkel zugedeckt im vorgeheizten Backofen bei 170° garen. Nach 45 Min. **Oliven** dazugeben. Dann auch den Backofengrill dazuschalten und die Schenkel offen weiterbraten, bis sie schön braun und knusprig sind, das dauert 7–10 Min. Doch werfen Sie immer wieder einen Blick in den Ofen – die Keulen können schnell zu dunkel werden.
Inzwischen pro Person einige Stangen grünen **Spargel** waschen, das untere Drittel auch schälen. Die Stangen 2 Min. in sprudelnd kochendem Salzwasser blanchieren, dann abgießen, kalt abbrausen und trocken tupfen. Kurz vor dem Servieren die Spargelstangen in **Olivenöl** bei starker Hitze rundum anbraten.
Die Hähnchenschenkel mit dem gebratenen Spargel und dem abgeschmeckten Zwiebel-Schmorsud anrichten. Dazu gibt es frisch geröstetes Brot oder Pellkartoffeln.

Lauch-Speck-Tarte mit Käse

Für den Teig
250 g Vollkornmehl + Mehl zum Arbeiten / 125 g Butter + Butter für die Form / 1 Ei / Salz

Für den Belag
1 Stange Lauch / Salz / 200 g Bergkäse / 1 Zwiebel / 125 g Speckwürfel / 1 EL Butter / 4 Eier / 200 g saure Sahne / 200 g Sahne / frisch geriebene Muskatnuss / Pfeffer

Für dieses Lieblingsessen Vollkornmehl, Butter, Ei, 1 Prise Salz und ca. 3 EL kaltes Wasser rasch zu einem homogenen Teig verkneten. Den Mürbeteig zu einer Kugel formen, in Frischhaltefolie wickeln und mindestens 30 Min. im Kühlschrank ruhen lassen.
Den Backofen auf 170° Umluft vorheizen. Den Teig auf einer bemehlten Arbeitsfläche rund ausrollen. Eine gebutterte Tarteform (Ø 24 cm) damit auskleiden. Teig mit Backpapier und getrockneten Hülsenfrüchten belegen und im heißen Ofen (Mitte) ca. 15 Min. blind backen. Inzwischen für den Belag den Lauch putzen, waschen und in feine Ringe schneiden. In kochendem Salzwasser 2 Min. blanchieren, abgießen und gut abtropfen lassen.
Den Käse grob reiben. Die Zwiebel würfeln und mit dem Speck in der Butter anbraten. Lauch dazugeben und 2 Min. mitbraten.
Die Eier mit beiden Sahnesorten, 1 Prise Muskat, Salz und Pfeffer gut verquirlen. Das Lauchgemüse mit dem Speck und dem Käse untermengen. Mischung auf dem vorgebackenen Teig verteilen und die Tarte im heißen Ofen (Mitte) ca. 40 Min. backen, bis der Guss gestockt ist und eine goldbraune Oberfläche hat.

A

B

C

D

E

Impressum

© 2022 GRÄFE UND UNZER
VERLAG GmbH, Postfach 860366,
81630 München

GU

GU ist eine eingetragene Marke der GRÄFE UND UNZER VERLAG GmbH, www.gu.de

ISBN 978-3-8338-8239-5
1. Auflage 2022

Projektleitung: Sabine Sälzer
Lektorat: Susanne Bodensteiner
Korrektorat: Anne-Sophie Zähringer
Bildredaktion: Dr. Nafsika Mylona
Umschlaggestaltung und Layout: ki36 Editorial Design, Sabine Krohberger, München
Fotografie: Wolfgang Schardt
Foodstyling: Susanne Walter
Assistenz Fotostudio: Janet Hesse
Herstellung: Susanne Fuhrmann
Satz: Longo AG, Bozen
Repro: Longo AG, Bozen
Druck & Bindung: aprinta GmbH, Wemding

Umwelthinweis:
Nachhaltigkeit ist uns sehr wichtig. Der Rohstoff Papier ist in der Buchproduktion hierfür von entscheidender Bedeutung. Daher ist dieses Buch auf PEFC-zertifiziertem Papier gedruckt. PEFC garantiert, dass ökologische, soziale und ökonomische Aspekte in der Verarbeitungskette unabhängig überwacht werden und lückenlos nachvollziehbar sind.

Die GU-Homepage finden Sie unter www.gu.de

Bildnachweis:
StockFood/Wischnewski, Jan: Covermotiv Food
Anatol Kotte: Autorenportrait Cover, S. 2
Privatfotos Christian Rach: S. 9, S. 29 oben rechts, S. 53 oben links, S. 67 oben, S. 81, S. 87 unten, S. 95, S. 111, S. 127, S. 131
Getty images: S. 29 oben links, S. 53 oben rechts, S. 67 unten
Shutterstock: S. 29 unten
mauritius images: S. 41, S. 87 oben links
JAHRESZEITEN VERLAG, Anna Mutter: S. 53 unten
AWL Images: S. 87 oben rechts
Wolfgang Schardt: alle anderen Fotos

Syndication: www.seasons.agency

Der Autor

Christian Rach, bekannter Spitzenkoch, Buchautor und TV-Moderator, wurde im Lauf seiner Karriere bereits mehrfach ausgezeichnet, vom Michelin-Stern bis hin zu Preisen für seine Sendung Rach, der Restauranttester. Heute konzentriert er sich auf Projekte, die eine gesunde und gute Esskultur fördern. In seinem neuen Buch weckt er mit inspirierenden Rezepten und Geschichten die kreative Lust am Kochen.

Der Fotograf

Wolfgang Schardt kann seine Liebe für Essen und Trinken beruflich ausleben: In seinem Studio in Hamburg fotografiert er vor allem Food, Stills und Interieur für Magazine, Verlage und Werbung. Dieses Buch produzierte er zusammen mit Susanne Walter (Foodstyling). www.wolfgang-schardt.com.

GRÄFE UND UNZER

Ein Unternehmen der
GANSKE VERLAGSGRUPPE